Margret Nußbaum

Jetzt kommt die Glücksfee

365 Spiel- und Spaßideen für den Familienalltag

Mit Illustrationen von
Karin Schliehe und
Bernhard Mark

Kösel

FSC
Mix
Produktgruppe aus vorbildlich
bewirtschafteten Wäldern und
anderen kontrollierten Herkünften

Zert.-Nr. SGS-COC-1425
www.fsc.org
© 1996 Forest Stewardship Council

Verlagsgruppe Random House FSC-DEU-0100
Das für dieses Buch verwendete FSC-zertifizierte Papier
Praximatt liefert die »Deutsche Papier Vertriebs GmbH«

Copyright © 2009 Kösel-Verlag, München,
in der Verlagsgruppe Random House GmbH
Umschlag: Elisabeth Petersen, München
Umschlagmotive: mauritius images/nikky;
Karin Schliehe, Bernhard Mark
Druck und Bindung: Mohn media, Gütersloh
Printed in Germany
ISBN 978-3-466-30839-2

Weitere Informationen zu diesem Buch und unserem
gesamten lieferbaren Programm finden Sie unter
www.koesel.de

Inhalt

Die zwölf Wünsche der Glücksfee

Was macht Kinder glücklich? Es sind die vielen kleinen Momente, in denen Eltern und Kinder miteinander lachen, spielen, die Natur erleben, gemeinsam etwas schaffen. Mädchen und Jungen fühlen sich geborgen, wenn Mütter und Väter für Struktur, Ruhe und Gelassenheit im Alltag sorgen. Wenn es liebevolle Rituale gibt, die die Kinder mit einem guten Polster an Sicherheit und Vertrauen in die Welt ausstatten. Kinder brauchen Eltern und andere erwachsene Bezugspersonen, die emotional warm und offen sind: Vorbilder, die ihren wachsenden Fähigkeiten vertrauen und sie zur Bewältigung von Problemen ermutigen. Aus diesen Zutaten baut sich das Glück ein Haus, das ein Leben lang stabil bleibt, das schützt und Sicherheit gibt.

Kann man Glück lernen? Der Leiter der berufsbildenden Willy-Hellpach-Schule in Heidelberg, Ernst Fritz-Schubert, war davon überzeugt und startete im Schuljahr 2007/2008 ein in Deutschland bisher einmaliges Projekt, das vom baden-württembergischen Kultusministerium unterstützt wurde. Der Pädagoge richtete nämlich das Schulfach »Glück« ein und konnte bereits nach einem Unterrichtsjahr erste bemerkenswerte Ergebnisse veröffentlichen. Eine wissenschaftliche Auswertung ergab: Fast 80 Prozent der Schüler, die das Fach »Glück« gewählt hatten, empfanden ihr Handeln als sinnvoll – in der Kontrollgruppe waren es nur 33 Prozent. 68 Prozent der Schüler mit Glücks-Unterricht beschrieben die Atmosphäre in der Klasse als gut, das taten nur 34 Prozent der anderen. Dabei ging es nicht um philosophische Vorlesungen und Ausarbeitungen zum Thema Glück. Die Schülerinnen und Schüler lernten sehr anschaulich und lebensnah, beispielsweise ging es darum, Vertrauen in die eigenen Fähigkeiten zu gewinnen, etwa beim Sport.

Die Quintessenz aus dem Modellprojekt: Je mehr Kinder von Erwachsenen motiviert und bestärkt werden und je mehr Bestätigung und Anerkennung sie erhalten, desto stärker wird ihr Selbstvertrauen und desto dicker ihre Glückhaut.

Menschen, die eine glückliche Kindheit hatten, sind resilient. Mit Resilienz bezeichnen Psychologen die seelische Widerstandskraft eines Menschen. Seine Fähigkeit, Schwierigkeiten im Leben zu meistern und Rückschläge auszuhalten. Herausforderungen anzunehmen im festen Glauben an sich und die eigenen Fähigkeiten. Die Überzeugung, Lebensumstände positiv beeinflussen zu können, ist eines der wichtigsten Merkmale der Resilienz. Kinder, die dazu fähig werden sollen, brauchen täglich die Rückversicherung ihrer Eltern: »Du bist okay. Wir lieben dich so, wie du bist. Und wir sind stolz auf dich.«

Es sind die vielen kleinen Liebesbeweise, die einem Kind in der Summe die emotionale Sicherheit geben, die es für seine gesunde Entwicklung braucht: Augenblicke, in denen ein Lob von Mama oder Papa stolz macht, in denen ein Kind spürt, wie sehr es geliebt wird – nicht wegen seiner Leistungen, sondern um seiner selbst willen. Es sind die vielen positiven Erfahrungen in den ersten Lebensjahren sowie kleine Aufmerksamkeiten und liebevolle Rituale, an die Kinder sich auch noch als Erwachsene gern zurückerinnern. Für die französische Psychologin Hélène Mathieu ist Glück das beste Erziehungsziel überhaupt. Sie sagt: »Ein glückliches Kind kann sein Potenzial entfalten und kommt in seiner persönlichen Entwicklung voran.« Und dies wünschen sich alle Eltern für ihr Kind.

Gäbe es zwölf Feen, die einem Kind Zutaten fürs Glück in die Wiege legten, so würden sie Eltern mit auf den Weg geben: Schenkt eurem Kind Liebe und Nestwärme, Humor und Gelassenheit, Achtsamkeit und Bescheidenheit, Freiräume und Grenzen, Fantasie und Spielfreude, Abenteuer in der Natur, Selbstvertrauen, Einfühlungsvermögen und Toleranz, Kommunikationsfähigkeit, Ruhe und Entspannung, Märchen und Geschichten sowie viele Glanzpunkte im Familienleben. Für jeden Monat des Jahres verrät Ihnen in den folgenden Kapiteln eine Glücksfee, wie aus diesen Zutaten ein gelungener Mix für den Familienalltag entstehen kann.

Das Buch enthält 365 Anregungen, Spiel- und Familienimpulse für den Alltag mit Kindern – passend zum Glücksfee-Wunsch eines jeden Kapitels. Vielleicht möchten Sie ein bestimmtes Thema wie zum Beispiel Selbstvertrauen, Grenzen oder Entspannung besonders betonen. Dann könnten Sie eine Woche oder auch einen ganzen Monat unter dieses Motto stellen und Ideen aus dem entsprechenden Kapitel auswählen. Oder Sie haben Lust zu stöbern und je nach Lust und Laune Anregungen auszuprobieren.

Noch ein Hinweis: Manche der Ideen in diesem Buch mögen auf den ersten Blick ein wenig schlicht oder unspektakulär wirken. Dahinter steckt durchaus eine Absicht. Medien und Werbung vermitteln heute zuweilen den Eindruck, einen Wert hätte nur das, was möglichst abenteuerlich oder aufsehenerregend ist. Selbst der Kindergeburtstag muss heute schon ein Event sein, wird uns suggeriert. Von dieser Sucht brauchen Sie sich nicht anstecken zu lassen. Gerade kleine Kinder profitieren viel mehr von einfachen, liebevollen Aktivitäten, die ihre Aufmerksamkeitsspanne nicht überfordern und in die sie ganz eintauchen können. Schöner als jedes Großereignis ist es, selbst etwas zu schaffen und Mamas oder Papas Aufmerksamkeit einmal ganz für sich zu haben. Zudem kann es manchmal eben geschehen, dass vor lauter Pflichten und bei all den nötigen Erledigungen im ganzen anstrengenden Alltagstrubel die kleinen Gesten aus dem Blick geraten, die das Miteinander so schön machen. Deshalb möchte Ihnen dieses Buch Anregungen geben und Sie mit einfachen Ideen unterstützen.

Viel Freude mit Ihren Kindern und viel Spaß beim Ausprobieren dieser Ideen und Impulse wünscht Ihnen

Margret Nußbaum

1. Wunsch der Glücksfee

Liebe und Nestwärme

*Sich mit dem kleinen Sohn ins Baumhaus
zurückziehen und seinen Kummer über
den Streit mit seinem besten Freund teilen.
Mit der kleinen Tochter Gummitwist und
Seil springen. Oder am Abend mit den Kindern
in Ruhe den Sternenhimmel betrachten:
Elternliebe hat viele Facetten.*

Glückshormone machen stark

Ohne die Liebe ihrer Eltern würden Kinder verkümmern. Dies hat ein
Experiment des Kaisers Friedrich II. im Mittelalter grausam offenbart. Er
ließ Säuglinge in einem von der Außenwelt abgeschotteten Raum liegen. Sie wurden zwar gefüttert und gewickelt, aber niemand sprach mit
ihnen. Alle Kinder starben innerhalb kurzer Zeit, weil ihnen das Aller-
wichtigste fehlte: die Liebe. Kinder, die sich geliebt fühlen, sind gesünder. Wissenschaftler haben festgestellt, dass sie besonders viel Oxyto-
cin ausschütten. Dieses »Glückshormon« stärkt das Immunsystem und
damit die Abwehrkräfte. Gefühlte Liebe wirkt sich auch positiv auf die
Entwicklung des Gehirns aus. Sie bietet dem Kind nämlich die emotionale Sicherheit, die es braucht, um sich in den folgenden Bereichen zu
entwickeln: Motorik, Wahrnehmung, Neugier, Denken und soziales Miteinander.

Wir gehören zusammen

Eine besonders schöne Art, Liebe zu zeigen, sind Kuscheln, in den Arm
nehmen, ein zärtlicher Kuss auf die Wange, aber auch ausgelassenes
Herumtollen mit Mama und Papa. Es sind die vielen kleinen Momente,
in denen Eltern und Kinder miteinander lachen und spielen, intensiv
die Natur erleben, gemeinsam etwas schaffen. Kinder sollen täglich
spüren: Mama und Papa haben mich lieb – auch wenn ich mein Zimmer

nicht aufgeräumt oder meinen kleinen Bruder geärgert habe. Ein Kind, das sich der Liebe seiner Eltern sicher ist, wird mit den Tücken des Alltags besser fertig. Es weiß: Ganz gleich, was passiert – Mama und Papa halten zu mir. Sie lassen mich nicht im Stich, und mit ihrer Hilfe wird alles gut. Auch mit Worten können Eltern ihre Liebe ausdrücken:

»Ich bin so froh, dass du mein Kind bist! Wir gehören zusammen wie der Mond und die Sterne. Und wir haben uns immer lieb.«

Zuhören und ehrliches Lob

Liebe bedeutet auch aufmerksames Zuhören, etwa wenn Ihr Kind mittags vom Kindergarten oder der Schule heimkommt und seine Neuigkeiten loswerden möchte. Hören Sie wirklich zu, und prägen Sie sich auch Einzelheiten ein. Wenn Sie später bei einer anderen Gelegenheit daran anknüpfen, weiß Ihr Kind: »Ich bin meiner Mama und meinem Papa wichtig. Sie hören genau zu, wenn ich ihnen etwas erzähle. Und sie können sich sogar daran erinnern, was ich vor einigen Tagen erlebt habe.« Zeigen Sie Interesse am Spiel Ihres Kindes und an seinen Vorlieben. Aber sagen Sie auch gerade heraus, wenn Sie im Augenblick keine Zeit haben oder zu müde sind. Mit einer aufrichtigen Absage können Kinder besser umgehen als mit einer halbherzigen Zusage. Jede Mutter und jeder Vater hat mal einen schlechten Tag oder zu viel um die Ohren, um das zehnte Ritter- oder Feenbild mit Begeisterung zu betrachten.

Auch das gehört dazu. Und Kinder können viel besser damit umgehen, als Eltern oft glauben. Wichtig ist deshalb, zu seinen Gefühlen zu stehen und authentisch zu bleiben. Dies gilt auch fürs Loben: Nur ein ehrliches Lob lässt Ihr Kind über sich hinauswachsen, etwa auf dem Spielplatz: »Deine Sandkuchen gefallen mir. Sie sehen so echt aus, dass man am liebsten hineinbeißen würde!«

Frei nehmen

Nehmen Sie ganz bewusst mal einen Nachmittag frei. Lassen Sie Haus- oder Büroarbeit liegen und widmen Sie sich Ihrem Kind. Es wird froh sein, Mama oder Papa so unerwartet für sich zu haben. (Und wenn es nicht der ganze Nachmittag sein kann, sind auch zwei Stunden wunderbar.)

Auf dem Fußboden spielen

Gemeinsam mit Mama und Papa auf dem Fußboden sitzen und zusammen mit der Ritterburg, dem Bauernhof oder der Puppenstube spielen: Das ist etwas, was Kinder über alles lieben.

TIPP

Ihr Kind soll bestimmen, was gespielt wird. Lassen Sie es Regie führen!

 ## Mit Papa ein super Team

Wenn Sie ein begeisterter Heimwerker sind, lassen Sie Ihre Tochter oder Ihren Sohn an Ihrem Hobby teilhaben: zusammen zum Baumarkt fahren und Material für ein Baumhaus besorgen. In Papas Werkstatt hämmern, sägen und leimen, mit ihm Pfannkuchen backen, Fußball spielen oder durch den Wald streifen: Das lässt Kinder über sich hinauswachsen.

Mit Mama schaukeln

Schaukeln wirkt auf Kinder entspannend und beruhigend. Auch Eltern können dabei wunderbar abschalten. Suchen Sie einen Spielplatz mit zwei Schaukeln nebeneinander und schaukeln Sie gemeinsam mit Ihrem Kind.

 ## Kleine Gesichtsmassage

Nehmen Sie sich am Morgen fünf Minuten Zeit für die Gesichtspflege. Zuerst darf Ihr Kind Sie eincremen und dann sind Sie an der Reihe: Verteilen Sie etwas Kindercreme auf Stirn und Wangen Ihres Kindes. Massieren Sie die Creme bewusst langsam mit sanften, kreisenden Bewegungen ein. Dieses gegenseitige Verwöhnen tut einfach gut!

Der Teddy gehört dazu

 Kinder zwischen drei und fünf Jahren befinden sich in einer Phase des magischen Denkens. Kuscheltiere oder andere Dinge werden zum Leben erweckt und können sprechen. Gehen Sie darauf ein und lassen Sie den Teddybären am Familienleben teilhaben. Bei den Mahlzeiten wird auch für ihn mit gedeckt. Und auf dem Sofa oder im Auto hat er seinen Stammplatz.

Bären-Frühstück

Hin und wieder steht der Teddybär früh auf und macht das Frühstück. Und jedes Mal lässt er sich etwas Besonderes einfallen: Einmal liegt auf jedem Frühstücksteller ein Gänseblümchen, ein anderes Mal ein Schokoladen-Käfer oder ein kleiner Brief.

Kunstmaler

TIPP

Wenn Malen gerade nicht angesagt ist, kann Ihr Kind auch eine Szene aus dem Buch in Pantomime nachspielen und Sie erraten, was es dargestellt hat.

Schauen Sie mit Ihrem Kind ein Buch mit vielen schönen Bildern an. Ihr Kind sucht sich heimlich ein Lieblingsbild aus und malt es mit Buntstiften nach. Ist es fertig, sollen Sie zum Bild Ihres Kindes das dazu passende aus dem Buch finden.

Frisör spielen

Vor allem kleineren Kindern macht es Spaß, nach Herzenslust in Mamas Haaren herumzuwuseln. Sie brauchen Bürste, Kamm, Spiegel und Haarspangen, vielleicht auch ein paar Lockenwickler. Lassen Sie Ihr Kind Frisör spielen und tolle Frisuren ausprobieren.

Der Strumpf-Wichtel

Morgens beim Anziehen gibt es eine Überraschung: Alle Strümpfe sind verschwunden. Der Strumpfwichtel hatte kalte Füße und sich ein Paar, das sowieso schon Löcher hatte, mitgenommen. Der kleine Wichtel war aber übermütig und hat die anderen Strümpfe in der Wohnung versteckt. Doch wie lieb von ihm: In einigen stecken kleine Leckereien!

Überraschungsschachtel

Bekleben Sie eine leere Streichholzschachtel mit Goldpapier. Nun geben Sie ein paar Nusskerne und Rosinen hinein und binden das Päckchen mit Geschenkband zu. Morgens, bevor Ihr Kind zur Schule oder in den Kindergarten geht, stecken Sie die Schachtel heimlich in seine Jackentasche. Die Freude ist riesengroß, wenn es sie entdeckt.

Freundschaftsringe

Mit einer liebevollen Geste erleichtern Sie Ihrem Kind den Wochenbeginn: Schneiden Sie aus buntem Filz zwei Streifen und kleben Sie sie als Fingerringe zusammen. Einer ist für Ihr Kind, einer für Sie. Auf den Ring kleben oder malen Sie eine kleine Blume oder ein Herz aus rotem Filz. Ein solcher Freundschaftsring lässt am Montag die Sonne strahlen.

Picknick

Holen Sie Ihr Kind an einem besonders sonnigen Tag von der Schule oder vom Kindergarten ab und gehen Sie mit ihm in den Wald. Dort gibt es ein kleines Picknick. Umso schöner, wenn noch andere Familien mitmachen.

TIPP

Am besten eignet sich der Freitag, da ist das Picknick ein super Start ins Wochenende.

Frühsport

Das macht müde Kinder und Eltern putzmunter: auf einem Bein eine Runde durch die Wohnung hüpfen, krabbeln oder rückwärts laufen. Zum Schluss treffen sich alle auf dem Wohnzimmerteppich zum Radeln: auf den Boden legen und mit den Beinen in der Luft Fahrrad fahren - zuerst langsam, dann immer schneller.

Möhren-Müsli

Überraschen Sie Ihre Kinder zum Wochenbeginn am Frühstückstisch mit einem Möhren-Müsli.

Für eine Portion brauchen Sie: zwei große Möhren, zwei Esslöffel Sahne, fünf Esslöffel Haferflocken und einen Teelöffel Zitronensaft.
So wird's gemacht: Die Möhren putzen, reiben und mit Zitronensaft beträufeln. Sahne und Haferflocken zufügen, alles gut verrühren und in eine Müslischale geben.

Bärenkräfte ⭐ 16

Dieses Milchmixgetränk verleiht Bärenkräfte. Servieren Sie es Ihrem Kind zum Frühstück und beschwören Sie die Wirkung des Bären-Drinks: »Er macht stark und sorgt für gute Laune.« Kinder lieben solche Aufmerksamkeiten außer der Reihe. Pro Kind wird eine halbe Banane zerdrückt und mit 1/8 l Milch und einem Teelöffel Honig verquirlt.

TIPP

Am besten klappt das Mixen mit dem Pürierstab.

Schau mir in die Augen! ⭐ 17

Manchmal sagt eine kleine Geste mehr als Worte. In den Arm nehmen, über den Kopf streicheln, ein liebevoller Blick: Solche Liebesbeweise lassen Ihr Kind spüren, wie wichtig es für Sie ist. Nehmen Sie sich heute bewusst Zeit, Ihrem Kind körperlich zu zeigen, wie lieb Sie es haben. Übrigens mögen es Kinder sehr gern, wenn auch die Eltern sich gegenseitig ihre Liebe zeigen. Nichts ist so schön für ein Kind wie das innige Band zwischen den Menschen zu spüren, die es am allermeisten liebt.

Fröhlicher Wecker

Wecken Sie Ihr Kind doch mal mit einem Ständchen und einem gemeinsamen Frühstück am Bett. Ein passendes Lied – zur Melodie von »Bruder Jakob«:

Liebe(r)......., liebe(r).........,

schläfst du noch?
Schläfst du noch?
Riechst du nicht den Früchtetee
und die frischen Semmeln?
Eins – zwei – drei!
Hüh-ner-Ei!

Mein Spiegelbild

Heute darf fünf Minuten länger im Bad getrödelt werden. Stellen Sie sich mit Ihrem Kind vor den Spiegel. Betrachten Sie gemeinsam Ihre Gesichter – von der Stirn über Augenbrauen, Augen, Nase, Lippen, Kinn bis zu den Ohren. Gibt es Ähnlichkeiten zwischen Ihnen beiden oder zum Papa? Worin bestehen die größten Unterschiede? Solche Körper-Entdeckungsreisen stärken das Zusammengehörigkeitsgefühl zwischen Eltern und Kindern.

Ich hab dich lieb!

Welche Überraschung! Wenn Ihr Kind aus der Haustür tritt, findet es auf dem Gehweg einen lieben Gruß – vorher von Ihnen heimlich mit bunter Kreide aufgeschrieben: Hallo, Felix! Ich hab dich ganz doll lieb! Deine Mama

> **TIPP**
> Sie können den Gruß auch mit Folienschreiber auf einen Luftballon schreiben und ihn am Gartenzaun aufhängen.

 Wiegenlieder

Manchmal sind Kinder am Abend erschöpft – vor allem, wenn sie tagsüber Aufregendes erlebt haben oder wenn sie sich nicht wohl fühlen. Da tut eine Extraportion Kuscheln gut. Nehmen Sie Ihr Kind in den Arm und wiegen Sie es sanft. Singen oder summen Sie dabei leise die altbekannten Wiegenlieder aus der Babyzeit. Das ist Balsam – auch für die Seele eines »großen« Kindergarten- oder Schulkindes.

Wir gehören zusammen

Zeigen Sie Ihrem Kind nicht nur, dass Sie es lieb haben. Sagen Sie es ihm öfter mal, etwa so: »Ich bin so froh, dass du mein Kind bist! Als du zur Welt kamst, habe ich sofort gespürt: Wir beide gehören zusammen, und wir haben uns immer lieb!« Ihr Kind soll Ihre Zuneigung ohne Wenn und Aber spüren – gänzlich unabhängig von seinem Verhalten und seinen Leistungen.

Herzensbotschaft

 Schneiden Sie aus rotem Tonkarton Herzen aus. Auf jedes wird etwas Liebes geschrieben, zum Beispiel: »Ich hab dich lieb« oder: »Danke, dass du mir immer im Garten hilfst!« oder: »Du hast tolle Ideen!« oder: »Deine Augen strahlen wie Sterne.« Legen Sie am frühen Morgen vom Kinderzimmer zur Küche einen Herz-Weg.

24 Wie funkelnde Sterne

Das mögen Kinder: Fragen Sie: »Weißt du eigentlich, wie lieb ich dich habe?« Bestimmt möchte Ihr Kind wissen: »Wie lieb denn?« Und Sie antworten: »Ich liebe dich wie tausend funkelnde Sterne!« Oder: »Ich liebe dich wie tausend wärmende Sonnenstrahlen!«

Geheimbotschaft 25

Kleine Botschaften außer der Reihe muntern Kinder auf. Etwa bei Streit mit dem Freund, bei Ärger in der Schule, bei Kummer wegen des verstorbenen Meerschweinchens. Schummeln Sie Ihrem Kind morgens heimlich einen Zettel in die Frühstücksdose. Darauf steht zum Beispiel: »Ich hab dich ganz doll lieb. Deshalb hole ich dich heute ab und wir füttern die Enten am Stadtweiher.«

Ich hab dich
ganz doll lieb.
Lieb doll ganz
dich hab ich.

TIPP

Schreiben Sie auch mal eine Botschaft rückwärts: Lieb doll ganz dich hab ich.

Ich bin bei dir!

26 Die Umstellung von den Ferien auf den ersten Kindergarten- oder Schultag fällt manchen Kindern schwer. Besprühen Sie ein Taschentuch mit Ihrem Parfüm. Ihr Kind darf es in die Hosentasche stecken und daran schnuppern, wenn es Sie vermisst.

27 Ich freue mich mit dir

Ihr Kind kommt mit roten Pausbäckchen vom Spielen im Schnee heim. Es sprudelt fröhlich los, dass es einen tollen Schneemann gebaut hat. Unterbrechen Sie dann Ihre Arbeit und nehmen Sie sich einen Augenblick Zeit. Denn Kinder müssen ihre Begeisterung sofort mit jemandem teilen. Setzen Sie sich mit Ihrem Kind hin, lassen Sie es erzählen, und loben Sie es dann: »Schön, dass du den Schneemann so gut hinbekommen hast! Lass uns später zusammen zu ihm gehen, damit ich ihn auch bewundern kann.« Das lässt Ihr Kind beinahe vor Glück platzen.

Ich denk an dich

Rufen Sie Ihr Kind mal außer der Reihe vom Büro aus an: Einfach um ihm zu sagen, wie lieb Sie es haben und wie sehr Sie sich auf den gemeinsamen Abend freuen.

TIPP

Über einen solchen Anruf freut sich nicht nur Ihr Kind, auch Ihren Partner könnten Sie so einmal überraschen ...

Armbänder

Das gibt Mut für die Mathe-Arbeit: aus einem Stoffrest einen Streifen schneiden und daraus für Ihr Kind ein Armband binden. Schreiben Sie mit einem kräftigen Stift noch einen Zauberspruch darauf, zum Beispiel: »Ene mene Ratte, du bist gut in Mathe!« – oder einfach nur »Viel Glück!«.

Fit mit Mamas Hilfe

Wenn Ihr Kind krank ist, kann nichts so gut trösten wie liebevolle Zuwendung. Kinder werden mit dem guten Gefühl gesund, dass die Fiebertage eigentlich gar nicht so schlimm waren. Sie werden sich auch bei weiteren Krankheiten daran erinnern und wissen: Ich fühle mich zwar schlapp und elend, aber mit Mamas und Papas Hilfe bin ich bald wieder fit.

TIPP

Kleine Patienten fühlen sich in Mamas Nähe am wohlsten. Schlagen Sie das Lager Ihres kranken Kindes tagsüber im Wohnzimmer auf.

Die Fieberfee

Erfinden Sie, wenn Ihr Kind krank ist, eine Fantasiefigur, etwa die Fieberfee. Ihr Kind bekommt jeden Tag Post von ihr. Sie schreibt einen lustigen Vers, eine Mini-Geschichte, hat ein Bild gemalt oder eine kleine Überraschung in den Briefumschlag gesteckt.

2. Wunsch der Glücksfee

Humor und Gelassenheit

*Lachen befreit. Es lässt die Welt bunter
aussehen und macht den Blick fürs
Wesentliche frei. Gelassen und fröhlich
kommen Eltern und Kinder besser
durch den Alltag.*

Keine Chance dem Schlechte-Laune-Virus

Fest steht: Familien, in denen viel gelacht wird, überstehen Krisen besser. Es muss schon dicke kommen, bis der Schlechte-Laune-Virus um sich greift. Hier wird nicht wegen jeder Kleinigkeit geschimpft und aus Missgeschicken nicht gleich eine Tragödie gemacht. Es passiert eben mal, dass Kinder ein Saftglas umschütten oder beim Pfützenspringen mit der neuen Hose im Schlamm landen. Davon geht die Welt nicht unter. Kein Kind bleibt von solchen Pannen verschont. Kleine Leute haben noch nicht den Erfahrungsschatz der Großen und müssen erst vieles erleben, damit sie künftig besonnener handeln können. Wenig hilft ihnen dabei ständiges Schimpfen. Erwachsene sind zum Glück auch nicht perfekt, auch ihnen passiert mal eine Panne.

Atmen Sie tief durch, wenn etwas schiefgegangen ist. Statt zu schimpfen hilft es dem Kind mehr, wenn Sie mit einem einfachen Satz erklären, wie es ein solches Missgeschick in Zukunft vermeiden könnte (»Das Glas ist umgefallen, weil du nur mit einer Hand hingegriffen hast. Nimm das Glas immer mit beiden Händen, wenn du trinken willst«). Dann soll es (wenn möglich) mithelfen, die Situation wieder zu bereinigen, zum Beispiel den Saft aufwischen.

Auch schmerzhafte Erfahrungen sind gut

Humor und Gelassenheit sind wichtige Zutaten für ein glückliches Familienleben. Wer mal einen Schritt zurücktritt und die Situation mit etwas Abstand betrachtet, kann kleineren oder größeren Hürden im Erziehungsalltag gelassener ausweichen. Das tut Eltern und Kindern gleichermaßen gut.

Nicht damit gemeint ist allerdings, dass Mütter und Väter ihrem Nachwuchs alle Probleme aus dem Weg räumen sollten. Im Gegenteil: Kinder möchten ihre eigenen Erfahrungen machen – auch wenn diese zuweilen schmerzhaft sind. Mädchen und Jungen wollen auf Bäume klettern, ohne ständig von besorgten Eltern zurückgehalten zu werden. Sie möchten Fußball oder Flöte spielen – ohne den Druck elterlicher Träume von einer künftigen Karriere als Bundesliga-Torwart oder Flötistin im Sinfonieorchester. Vorsicht: Kinder sind hier sehr sensibel. Sie durchschauen genau, ob ihre Eltern sich vom allgemeinen Förderwahn mitreißen lassen oder selbstbewusst sagen: »Mein Kind soll Spaß am Fußballspielen haben. Das ist wichtiger als jedes gehaltene Tor.« Ein wenig mehr Gelassenheit lässt Eltern lockerer bleiben und ermöglicht Kindern eine unbeschwertere Entwicklung.

Liebe und Leistung trennen

Natürlich macht jedes Kind auch mal schwierigere Phasen durch – das eine länger, das andere kürzer. Doch sie gehen vorüber – garantiert. Kein Kind bleibt in seiner Entwicklung stehen. Sie verläuft in Schüben, hat Höhen und Tiefen. Ganz wichtig ist es, Liebe und Leistung zu trennen. Erkennen Sie die Bemühungen Ihres Kindes an, selbst etwas zustande zu bringen – auch wenn das Ergebnis in Ihren Augen nicht perfekt ist. Und auch bei schlechten Schulnoten besteht kein Grund zu Weltuntergangsstimmung. Was Ihr Kind jetzt nicht braucht, sind Vorwürfe. Besser sind Optimismus mit einer Portion Humor und konkreter Unterstützung: »Da scheint es ja der kleine Fehlerteufel auf dich abgesehen zu haben. Aber du wirst sehen: Wenn wir vor der nächsten Mathearbeit ein bisschen zusammen üben, bekommt er es mit der Angst zu tun und hüpft auf einem anderen Arbeitsblatt herum oder – noch besser – sofort zur Klassenzimmertür hinaus.«

Nach Herzenslust albern sein

Lachen ist eine liebevolle Art des Miteinanderumgehens, bei dem alle spüren: »Ich gehöre in diese Familie. Hier kann ich mich geborgen fühlen und ich weiß, dass alle mich lieben und wertschätzen.« Lachen und albern Sie mit Ihrem Kind nach Herzenslust! Toben und Tollen sind erlaubt! Und nehmen Sie Missgeschicke – auch die eigenen – nicht so ernst. Ein Beispiel: Sie sitzen mit Ihrem Kind im Restaurant. Beim Schneiden des Steaks passiert es: Ihnen springt das Fleischstück von der Gabel und macht einen Satz bis zum Nachbartisch. Die Leute dort schauen ganz pikiert. Ihr Kind prustet los, und Sie stimmen in sein Lachen ein. Sie entschuldigen sich und beseitigen die Spuren. Über diesen Vorfall müssen Sie noch lange lachen.

Durch das Zusammensein mit Kindern lässt sich der eigene Blick für Situationskomik wieder schärfen – ein wunderbares Geschenk, das den Alltag bunter macht.

In der Schauspielschule  32

Alle Familienmitglieder sprechen auf Anweisung des »Theater-
direktors« einen bekannten Vers oder eine Liedzeile: leise oder
laut, in hoher oder tiefer Stimmlage, lustig oder traurig, absichtlich langweilig oder dramatisch.

 33 ## Keine Langeweile

Oh nein! Da fährt uns doch der Bus vor der
Nase weg! Ärgern bringt nichts! Viel besser ist
es, sich gemeinsam die Wartezeit zu verkür-
zen: Wer kann am längsten auf einem Bein
stehen? Oder: Wem fallen die lustigsten ABC-
Schimpfwörter ein? Alberner Armleuchter!
Boshafter Bullenbeißer! Chaotische Chipstüte!
Dämlicher Drachenzahn! Eingebildeter Erb-
senheini! Flatteriger Fliegenpilz! Grantige Ge-
witterziege usw.

TIPP

Auch in der Warteschlange
vor der Supermarkt-Kasse
vertreiben solche Spiele
die Langeweile.

Schaumbärte  34

Machen Sie sich gegenseitig in der
Badewanne Schaumfrisuren und
Schaumbärte. Das Ganze sieht so
lustig aus, dass Sie unbedingt Fotos knipsen sollten!

35 Lustige Namen

Erfinden Sie mit Ihrem Kind gemeinsam lustige Namen.
Wer wohnt in dem Hochhaus, das auf dem Weg zum
Einkaufsladen liegt? Ihr Kind nennt einen Vornamen,
Sie erfinden einen Nachnamen, der sich darauf reimt.
Beispiele: Karoline Mandarine, Franz Dackelschwanz,
Peter Trompeter, Henriette Klarinette usw.

36 Verrückte Wettläufe

Das macht Spaß und stärkt die Muskeln – auch die
Lachmuskeln! Je zwei Kinder laufen um die Wette. Vor
dem Start dürfen sie ein Kärtchen ziehen. Auf jedem
steht eine lustige Aufgabe, zum Beispiel mit Schwimm-
flossen laufen, ein Buch auf dem Kopf tragen, mit einem Luftballon zwischen den Knien watscheln, einen
Tennisball auf einem Federballschläger balancieren,
mit einem Spiegel in der Hand rückwärtslaufen usw.

Gute-Laune-Saft 37

TIPP

Säfte sollten zu
100 Prozent aus
Frucht bestehen
und keinen Zucker
enthalten.

Malen Sie mit Porzellanfarbe oder Window-Colour
einen großen Apfel mit einem lachenden Gesicht
auf eine Glaskanne und füllen Sie die Kanne mit
Apfelsaft. Erklären Sie Ihrem Kind, dass dieser
Apfelsaft eine besondere Zauberkraft besitzt. Er
lässt Ärger und Kummer beim Trinken verschwinden und zaubert auf jedes Gesicht ein strahlen-
des Lächeln. Wetten, dass es funktioniert?!

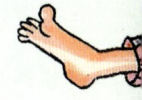

38 Miese-Laune-Fuß

Auch Kinder haben manchmal schlechte Laune. Doch sie sind dankbar, wenn Eltern ihnen mit ein paar Tricks helfen, aus dem Stimmungstief wieder herauszukommen. Beispiel: Erzählen Sie Ihrem Kind, dass es heute wohl mit dem Miese-Laune-Fuß aufgestanden ist. Da hilft nur eines: Zurück ins Bett und mit dem Gute-Laune-Fuß noch mal neu aufstehen.

Jammerlappen  39

Manche Kinder sind Weltmeister im Nörgeln und Jammern. Erklären Sie Ihrem Kind, dass Jammern nur noch mehr Verdruss bringt. Und dass es besser ist, im normalen Tonfall zu sagen, was es möchte. Eine kleine symbolische Hilfe: Nehmen Sie ein mit Staubflocken gespicktes Staubtuch und schütteln Sie es gemeinsam draußen aus: »Siehst du, nun haben wir's dem Jammerlappen gezeigt und den ganzen Nörgelstaub herausgeschüttelt. Bestimmt geht es dir jetzt schon viel besser, und du kannst mir in normalem Ton sagen, was dich ärgert.«

Die Wut segelt fort

40
Wenn Ihr Kind mal richtig wütend oder traurig ist, braucht es Verständnis und Trost – und jemanden, der wieder Licht in den grauen Alltag zaubert. Schreiben oder malen Sie zusammen den Kummer oder Ärger auf ein Blatt Papier. Falten Sie daraus ein Schiffchen und gehen Sie mit Ihrem Kind zu einem kleinen Bach. Nun soll es das Sorgenschiff zu Wasser lassen, damit es mit dem Kummer auf und davon segelt.

TIPP

Sie können die Wut auch mit einem Luftballon davonfliegen lassen.

41 Auf Umwegen ins Bett

Da hat doch nach dem Abendbrot ein lustiger Kobold den
Weg zum Kinderzimmer
verzaubert! Ihr Kind muss
durch die ganze Wohnung
über einen Kissenweg balancieren. Sie gehen hinterher,
sammeln alle Kissen auf und
bombardieren Ihr Kind mit den
weichen Geschossen. Auftakt für
eine fröhliche Kissenschlacht, die
den oft ungeliebten Weg ins Bett leichter macht.

Familien-Maße

Messen Sie verschiedene Längen und tragen Sie
diese lustigen Maße in eine Liste ein. Beispiele:
der Papa-Knie-Meter – gemessen vom Fuß bis
zum Knie. Oder: der Mama-Nasen-Meter – gemessen von der Spitze des Mittelfingers am ausgestreckten Arm bis zur Nasenspitze. Oder: der
Felix-Bauchnabel-Meter – gemessen vom Kopf
bis zum Bauchnabel. Kindern macht es Spaß,
echte Maßeinheiten auf die Familien-Maße um-
zurechnen. Es ist lustig – und schult nebenbei
mathematische Fähigkeiten.

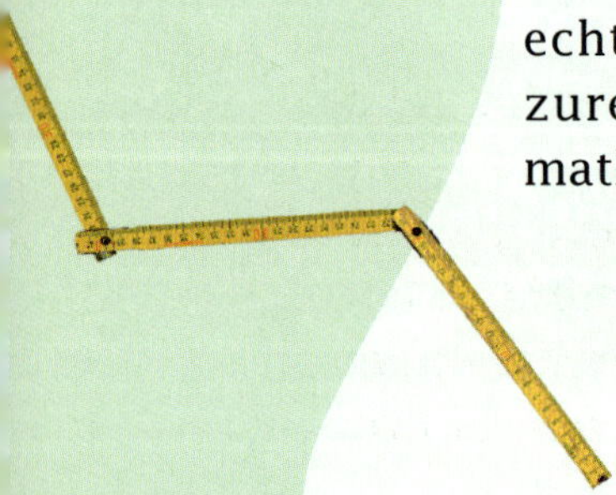

42

Karola und Paola

Das bringt kleine Trödler dazu, sich schneller die Schuhe anzuziehen: Der linke Schuh heißt Karola, der rechte Paola. Karola und Paola freuen sich, wenn sie sich nach der langen Nacht endlich wiedersehen und miteinander reden können. Das können sie aber erst dann, wenn sie an den Füßen Ihres Kindes stecken. Auf dem Weg zum Kindergarten gibt es dann eine lustige Geschichte, in der Karola und Paola die Hauptrollen spielen.

 Lustige Straßen

Schreiben Sie lustige Straßennamen auf Kartonstreifen, etwa Hüpfstraße, Rückwärtsstraße, Zickzack-Weg, Kitzelstraße, Renngasse. Falls möglich bringen Sie die neuen Straßenschilder vor dem Spazierengehen an Zäunen oder Laternenpfählen an, ansonsten lässt es sich auch unterwegs mit einer Rolle Tesa machen. Das wird ein sehr bewegter und lustiger Spaziergang durchs Viertel! Falls Sie Bekannte treffen, könnten die ja ein Stück mithüpfen oder rückwärtslaufen.

TIPP

Geben Sie den Straßen beim nächsten Mal Tiernamen: Auf der Hühnerstraße wird gegackert, auf dem Katzenweg miaut.

Ich lach mich kringelig!

 »Wollen wir wetten, dass du es nicht schaffst, mich in drei Minuten zum Lachen zu bringen?« Sie sitzen sich gegenüber, und Ihr Kind schneidet Grimassen, grinst Sie unaufhörlich an, erzählt einen Witz. Ob Sie ernst bleiben? Dann werden die Rollen getauscht, und Sie spielen für Ihr Kind den Clown.

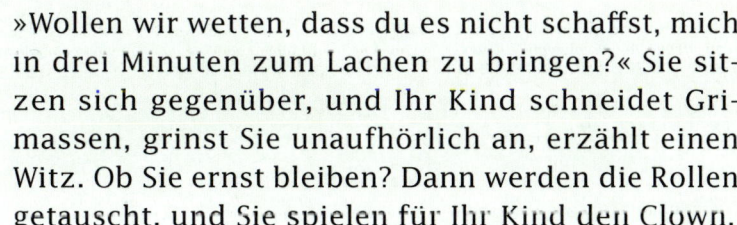

Familien-Burger

Papa legt sich auf den Boden. Er ist eine Brötchenhälfte. Darauf legt sich die Mama als Salatblatt, darüber das Kind als Fleischklops. Die kleine Schwester oder der kleine Bruder kommen als Ketchup oben drauf. Und der Teddybär macht als zweite Brötchenhälfte den Familien-Burger komplett.

Neueste Schlagzeilen

Ein lustiges Spiel für Buchstaben-Detektive: Jeder wählt sich einen Buchstaben aus und bildet einen Satz, in dem jedes Wort mit diesem Buchstaben beginnt. Drei Beispiele:

Acht alberne Affen
angelten acht affige Aale.

Elf eckige Elefanten
erbten elf eckige Eimer.

Fünf flinke Frisöre
frisierten fünfzig fleißige Faultiere.

Zungenbrecher

Ein lustiger Zungenbrecher zum Abendbrot:

Hinter Hannes Hansens Haus
hingen hundert Hemden raus.
Hundert Hemden hingen raus
hinter Hannes Hansens Haus.

49 Spiegelfaxen

Klar, morgens muss alles zügig gehen. Aber ein paar Faxen vor dem Badezimmerspiegel kosten nicht viel Zeit. Synchron Grimassen schneiden, sich gegenseitig das Gesicht waschen und beim Zähneputzen ein Gurgelkonzert veranstalten: All das bringt gute Laune.

TIPP

Überraschen Sie Ihr Kind und malen Sie mit Fingerfarben ein lachendes Gesicht auf den Spiegel.

Riesen-Familie

Sie brauchen große Bogen Papier, am besten von einer Papierrolle. Jedes Familienmitglied legt sich darauf und streckt Beine und Arme leicht aus. Ein anderer zeichnet die Umrisse auf das Papier. Nun malt sich jeder selbst aus. Kleben Sie Stoffreste als Kleidung und Wolle als Haare auf. Die Bilder werden in den Flur gehängt, damit jeder, der hereinkommt, die Riesen-Familie bewundern kann.

51 Putz-Walzer

Heute steht Putzen auf dem Programm.
So macht es gemeinsam Spaß: Alle binden Lappen um ihre Füße. Einer wischt den Boden mit einem nassen Tuch, die anderen tanzen mit ihren Lappenfüßen zu schwungvoller Musik auf dem Boden herum, bis er trocken ist.

52 Lachnummer

Mit Mama oder Papa mal richtig zusammen lachen und albern sein: Das ist für Kinder das Höchste! Einer macht eine bestimmte Bewegung – Zunge herausstrecken etwa. Der andere wiederholt es und fügt etwas Neues hinzu: mit den Händen in den Haaren wühlen, mit dem Kopf nicken. Das geht immer so weiter, bis jemand eine der Bewegungen vergisst.

Die dicksten Leute der Welt 53

Alle stopfen sich Kissen unter die Kleidung. Wer ist der dickste Mann oder die dickste Frau der Welt? Wer zieht sich die Schuhe an, ohne das Gleichgewicht zu verlieren? Wer gar einen Purzelbaum schafft, ist rekordverdächtig. Auf jeden Fall haben Eltern und Kinder dabei eine Menge Spaß.

54 Abwasch-Rap

Das finden vor allem Kinder gegen Ende der Grundschulzeit super: Machen Sie gemeinsam aus einer wenig geliebten Aufgabe, etwa Abwaschen, Einkäufe wegräumen, Wäsche sortieren oder Tisch decken, einen schmissigen Rap oder singen Sie dabei in einer anderen Musikrichtung, die Ihrem Kind zurzeit gefällt.

TIPP

Gemeinsames Singen schafft zwischen Eltern und Kindern eine ganz besondere Verbundenheit.

Wühlmäuse

Bevor Handtücher und Bettlaken in der Waschmaschine verschwinden, verstecken Sie einige Bonbons unter dem Wäscheberg. Ihre Kinder dürfen darin wühlen und sich zu den Süßigkeiten durcharbeiten. Nicht immer ganz einfach, denn manche stecken in einem Kopfkissenbezug.

Apfelklöße: Gute-Laune-Essen

Sie brauchen: 250 g Äpfel, drei Esslöffel Zucker, etwas Zimt, 60 g Rosinen, eine Fertigpackung Kartoffelklöße, 40 g Butter

So werden die Apfelklöße zubereitet: Äpfel waschen, schälen, das Kerngehäuse entfernen und in kleine Würfel schneiden. Über die Apfelwürfel streuen Sie einen Esslöffel Zucker und eine Prise Zimt. Geben Sie die Rosinen dazu und gießen Sie einen halben Liter Wasser darüber. Das Kartoffelkloß-Pulver wird in die Apfel-Rosinen-Mischung eingerührt, die Klöße dann nach Packungsanweisung zubereitet. Zerlassen Sie die Butter und mischen Sie sie mit zwei Esslöffeln Zucker und etwas Zimt. Die zerlassene Butter zu den Klößen servieren.

Wo ist die Kuh?

Na so was! Die Kuh vom Spielzeugbauernhof büxt jeden Morgen aus. Einmal steht sie im Brotkorb auf dem Frühstückstisch. Ein anderes Mal hat sie sich im Zahnputzbecher oder Schuh Ihres Kindes versteckt.

Gummibärenbande  58

Ganz heimlich haben sich drei kleine Räuber (Gummibärchen) ins Haus eingeschlichen. Ihr Kind ist der Polizist und soll die Räuber suchen und einfangen. Ob Polizisten Räuber auch fressen dürfen?

 59 ## Handschuh-Alarm

Das macht Spaß nach dem Abendbrot: Alle sitzen um den Tisch. Mama oder Papa stellen den Küchenwecker auf etwa ein bis zwei Minuten. Er wird in einen Waschhandschuh gesteckt und von Hand zu Hand weitergegeben. Achtung: Wer den Wecker in der Hand hält, wenn er klingelt, scheidet aus. Die nächste Runde beginnt. Wer bis zum Schluss übrig bleibt, darf sich ein neues Spiel oder das Sonntagsessen wünschen.

Bei den Piraten

 60

Schneiden Sie ein Foto von Ihrem Kind aus und kleben es mit doppelseitigem Klebeband auf eine Bilderbuchseite. Ihr Kind wird staunen, wenn es sich plötzlich mitten im Wald oder auf einem Piratenschiff wiederfindet. Nun soll es erzählen, was es dort alles erlebt.

Achtsamkeit und Bescheidenheit

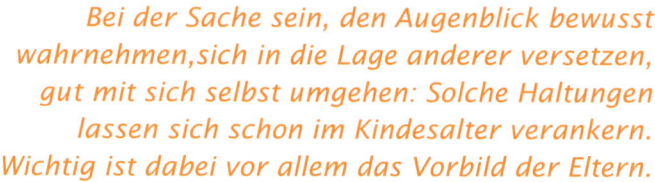

Bei der Sache sein, den Augenblick bewusst wahrnehmen,sich in die Lage anderer versetzen, gut mit sich selbst umgehen: Solche Haltungen lassen sich schon im Kindesalter verankern. Wichtig ist dabei vor allem das Vorbild der Eltern.

Die Uhren der Kinder ticken anders

Kleine Kinder sind für uns Erwachsene oft die besten Lehrmeister. Denn sie leben im Hier und Jetzt und reisen in Gedanken nicht im Gestern oder Morgen herum. Mit Hingabe beobachten die Kleinen beispielsweise Käfer und Spinnen, Ameisen und ein Kätzchen, das sich in der Sonne räkelt. Sie sind mit allen Sinnen bei der Sache und lassen sich durch nichts in der Welt ablenken. Damit kollidieren sie allerdings oft mit den Vorstellungen der Großen. Für Erwachsene ticken die Uhren nämlich leider schneller als für kleine Menschen. Natürlich kann keine Mutter unpünktlich zum Dienst erscheinen, weil sie ausgiebig mit ihrem Kind Ameisen unter die Lupe genommen und sich an einem Kätzchen erfreut hat. Hier gilt es, die richtige Balance zwischen den Wünschen des Kindes und dem eigenen Zeitbudget zu finden.

Wo könnten Sie einmal ganz bewusst dem Rhythmus Ihres Kindes folgen?

Sorgsam mit allem umgehen

Das intensiv spielende Kind oder der kleine Naturforscher brauchen Zeit, an der große Menschen chronischen Mangel leiden. Die haben nämlich oft verlernt, den Augenblick unbekümmert zu genießen und sich ganz auf das gerade Anstehende zu konzentrieren. Der Alltag ist dabei die beste Lebensschule. Ob Sie mit Ihrem Kind Geschirr abwaschen, Einkäufe forträumen oder spielen: Versuchen Sie, bei jeder Handlung bei sich und dem zu sein, was Sie gerade tun. Achtsamkeit bedeutet auch sorgsamen Umgang miteinander, mit Tieren und Pflanzen, Nahrungsmitteln und Gebrauchsgegenständen. Wer beim Abwasch hektisch ist, zerbricht eher einen Teller als derjenige, der seine Arbeit in Ruhe erledigt. Dass die zweite Methode zeitsparender ist, haben auch Zeitforscher und Zeitmanagement-Berater herausgefunden.

Freude muss kein Geld kosten

Achtsamkeit und Bescheidenheit halten einander die Waage. Denn hinter dem Begriff Bescheidenheit verbergen sich eine Reihe von Eigenschaften, die zu einem achtsamen Leben gehören: Dankbarkeit etwa, Rücksichtnahme auf andere, Wartenkönnen sowie die Fähigkeit, zu genießen und sich auch über kleine Dinge zu freuen. Bei all dem sind Eltern für ihre Kinder wichtige Vorbilder – auch in puncto Konsumverhalten. Zum Glück gibt es immer mehr Mütter und Väter, die freiwillig die Bremse ziehen und nicht jedem Trend hinterherlaufen mögen. Sie ermöglichen ihren Kindern die wichtige Erfahrung, dass man Freude nicht mit Geld aufwiegen kann. Unternehmungen müssen nicht viel kosten. Viel schöner als teure Ausflüge in Freizeitparks oder Spaßbäder sind Streifzüge durch den Wald. Sinnlicher als ein Essen im Restaurant ist ein liebevoll vorbereitetes Picknick auf der Wiese. Kinder sollten von klein auf lernen, dass nicht alle Wünsche sofort in Erfüllung gehen können und dass Vorfreude oft die schönste Freude ist. Auch hier sind Eltern wichtige Vorbilder. Kleine und Große verlernen nämlich das Genießen, wenn der Alltag nur noch aus Genuss besteht.

Dankbarkeit: eine positive Grundhaltung

Im Umgang mit anderen und im Spiel lernen Kinder, welche Zauberkraft in den Wörtern »Bitte« und »Danke« steckt. Sie erleichtern das Zusammenleben und lassen Wünsche leichter in Erfüllung gehen. Dankbarkeit beruht auf einer positiven Grundhaltung. Rituale wie das Dankgebet bei Tisch oder das abendliche Reflektieren des Tages fördern eine solche Haltung. Eltern sollten den Fokus dabei möglichst auf schöne Erlebnisse und Erfahrungen richten. Optimistischen Kindern fällt ein herzliches Danke nämlich leichter als kleinen Nörglern, die an allem etwas auszusetzen haben.

61 Begeisterung steckt an

Lassen Sie sich von der Begeisterungsfähigkeit Ihres Kindes anstecken und teilen Sie seine Freude
über ein Schneckenhaus, über einen besonders interessanten Stein
oder einen Löwenzahn. Gibt es etwas Schöneres, als an einem sonnigen Frühlingstag gemeinsam im
Gras zu sitzen und den kleinen flie-
genden Schirmchen des Löwen-
zahns hinterherzuträumen?

TIPP

Nehmen Sie auf
Spaziergängen eine
Becherlupe mit. So
kann Ihr Kind seine
Fundstücke genauer
betrachten.

Kleine Brotkunde 62

Bäcker verkaufen Brot oft auch scheibenweise –
ideal zum Probieren. Kaufen Sie einzelne Schnit-
ten von mehreren Brotsorten. Beim Abendbrot
darf Ihr Kind das Brot befühlen, daran riechen
und sich kleine Häppchen von jeder Scheibe ab-
schneiden. Jeder nennt anschließend seine Lieb-
lingssorte und versucht, möglichst genau ihren
Geschmack zu beschreiben.

Dinge erhalten

63 Die Hose ist am Knie durchgescheuert und hat ein Loch. Aus dem Bilderbuch haben sich Seiten gelöst. Wegwerfen und neu kaufen? Besser nicht. Kinder sollten von klein auf lernen, dass Dinge ihren Wert haben. Versuchen Sie möglichst viel wieder instandzusetzen. Für die Hose gibt es hübsche bunte Flicken mit Bildern zum Aufnähen oder -bügeln. Und das Bilderbuch kann neu zusammengeleimt werden.

Vanillepudding  **64**

Manchmal sollten Sie mit den Kindern etwas zubereiten, das nicht aus der Packung stammt, zum Beispiel Vanillepudding. Je mehr Kinder an den einzelnen Vorbereitungsschritten beteiligt sind, desto mehr werden sie das Essen genießen. Deswegen schmecken selbstgegrillte Würstchen auch besser als die vom Imbiss-Stand.

Sie brauchen: einen Liter Milch, drei bis vier Esslöffel Zucker, eine Vanilleschote, 100 g Speisestärke, eine Prise Salz
So wird der Pudding zubereitet: Geben Sie drei Viertel der Milch in einen Topf. Streuen Sie den Zucker und das Salz hinein. Schneiden Sie die Vanilleschote auf, kratzen Sie das Mark heraus und geben es in die Milch. Die Milch zum Kochen bringen und in der Zwischenzeit die Speisestärke mit der restlichen Milch verrühren. Die aufgelöste Speisestärke unter ständigem Rühren in den Topf gießen. Das Ganze etwa eine halbe Minute aufkochen lassen. Den Pudding in eine Schüssel gießen und erkalten lassen.

65 Danke für Sonne und Regen

Eltern und Kinder können Kraft für den ganzen Tag tanken, wenn sie sich ein paar Minuten sammeln und sich Zeit füreinander nehmen: »Was hast du geträumt? Hast du ruhig geschlafen, oder hat dich etwas beunruhigt? Schau, heute scheint die Sonne. Danke, lieber Gott, dass du uns die Sonnenstrahlen zur Erde schickst! Danke aber auch für den Regen, ohne den nichts wachsen würde.«

Pulloverkissen

Jedes Kind hat einen Pulli oder ein Sweatshirt, von dem es sich nicht trennen möchte – auch wenn es längst herausgewachsen ist. Eine Idee: Nähen Sie Armabschlüsse und Taillenbund zu. Der Pulli wird nun mit Stoffresten oder Füllwatte ausgestopft, bis er ganz prall ist. Zum Schluss noch mit einigen Stichen den Halsausschnitt zunähen: Fertig ist ein tolles Kuschelkissen.

66

TIPP

Zeigen Sie Ihrem Kind den Umgang mit Nadel und Faden und lassen Sie es aus Stoffresten ein kleines Kissen für den Teddybär nähen.

Marmelade kochen  67

Was schmeckt besser als selbst gemachte Erdbeermarmelade? Für Kinder ist es interessant zu erfahren und selber auszuprobieren, wie Lebensmittel verarbeitet und haltbar gemacht werden können. Erzählen Sie ihnen, dass die Menschen früher von Mai bis zum Oktober alle Hände voll mit Einwecken zu tun hatten. Nur so konnten sie Vorräte für den Winter anlegen.

Sie brauchen: Je ein Kilo Erdbeeren und Gelierzucker. Schraubgläser mit Deckel
So wird die Marmelade gekocht: Die Früchte werden gewaschen und zum Abtropfen in ein Sieb gegeben. Nun zupfen Sie mit den Kindern die Kelche ab und schneiden die Beeren klein. Die Erdbeeren mit dem Gelierzucker in einen großen Kochtopf geben und mischen. Zum Kochen bringen und dabei gelegentlich umrühren. Wenn das Erdbeermus kocht, rühren Sie es vier Minuten kräftig um und nehmen dann den Topf vom Herd. Die noch heiße Marmelade wird mit einem Soßenlöffel in Gläser gefüllt und mit den Schraubdeckeln verschlossen.

Blumen gießen  68

Machen Sie Ihr Kind mit Ihren Zimmerpflanzen bekannt. Es darf sich eine aussuchen und für diese Pflanze die Pflege übernehmen. Stellen Sie einen Gießplan auf und erklären Sie Ihrem Kind, wie viel Wasser die Pflanze braucht. Es ist für Kinder schön, wenn unter ihrer Obhut etwas wächst oder zu blühen beginnt.

Reste verwerten

Das Brot ist schon ein paar Tage alt und hart, der Käse wölbt sich, vom Vortag sind noch Kartoffeln übrig geblieben? Macht nichts, denn alles lässt sich noch verwerten. Nahrungsmittel sind zu kostbar zum Wegwerfen. Kinder registrieren genau, wie achtsam Eltern damit umgehen. Altes Brot schmeckt getoastet noch lecker. Kartoffeln und Käse sind Bestandteile für einen Gemüseauflauf.

Zu Fuß gehen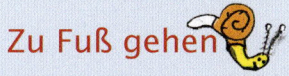

Oft legen wir Wege mit dem Auto zurück, die wir bequem und ohne großen Zeitverlust zu Fuß gehen könnten. Die Kinder werden zum Kindergarten und zur Schule gefahren, und selbst für kleinere Einkäufe holen wir das Auto aus der Garage. Steigen Sie ganz bewusst mal mindestens für eine Woche aufs Fahrrad um oder gehen Sie zu Fuß. Sie werden staunen, wie gut es Ihnen und Ihrem Kind tut. Ganz nebenbei gibt es am Wegesrand einiges zu entdecken.

Roller-TÜV

Nehmen Sie sich Zeit, Kinderfahrzeuge und Spielgeräte, die den Winter über in der Garage oder im Keller verstaut waren, gemeinsam auf Vordermann zu bringen und zu putzen. Ihr Kind kann dabei viel lernen. Und Spaß macht es obendrein.

72 Einen Schritt nach dem anderen

Achtsamkeit bedeutet auch: zuerst die Jacke
anziehen und dann erst die Wohnung verlassen – und nicht beim Hinausgehen die Jacke
zuknöpfen. Oder die Brezel nicht schon auf
dem Nachhauseweg hungrig in sich hinein-
schlingen, sondern sie erst zu Hause am Tisch
essen und sich dazu hinsetzen.

Nicht schlecht reden  73

Andere auslachen und hinter
deren Rücken schlecht über
sie reden, ist respektlos und
unachtsam. Protestieren Sie,
wenn über andere in deren
Abwesenheit schlecht geredet
wird. So entwickelt Ihr Kind
durch Ihr Vorbild schon früh
ein Gefühl für Fairness und
Aufrichtigkeit.

Die Arbeit anderer achten

 74 Es ist gut, wenn Kinder erfahren, dass viele Menschen für ihr
Wohl tätig sind. Das bewahrt sie davor, andere später einmal ge-
ringzuschätzen und auf sie herabzusehen. Machen Sie Ihr Kind
sensibel für die Arbeit anderer – etwa beim Spazierengehen: »Die
Kanalarbeiter sorgen dafür, dass unsere Abflüsse nicht verstop-
fen. Sonst könnte das Wasser in unserer Toilette nicht mehr ab-
fließen und es würde sehr stinken.«

Spielzeug aus Abfall

Werfen Sie leere Joghurtbecher nicht in den Abfall. Wenn sie gespült sind, können Sie und Ihr Kind damit Türme und Pyramiden bauen.

Geschenke achten

 Schon wieder ein gesticktes Lesezeichen von Tante Erna? Lassen Sie sich nicht zu spöttischen Bemerkungen hinreißen! Kinder sollen lernen, dass Geschenke etwas Wertvolles sind – auch wenn sie nicht gerade dem eigenen Geschmack entsprechen. Wichtig sind die Liebe und Aufmerksamkeit, die dahinterstecken.

Wir hören einander zu

Wichtiger als aufgesetzte Umgangsformen ist die Höflichkeit, die von innen heraus wächst. Das bedeutet für das Zusammenleben in der Familie: Alle gehen respektvoll miteinander um, hören dem anderen zu, lassen ihn ausreden. Manchmal ist das leichter gesagt als getan, nicht wahr? Wie wäre es mit einem bestimmten Tag, den Sie ganz unter dieses Motto stellen?

78 Nörgeln? Stopp!

TIPP

Natürlich darf auch Ihr Kind die Kelle hochhalten, wenn die Eltern sich einmal nicht an die Regel halten.

Schon die Kleinsten können lernen, dass Nörgeln und Quengeln das Klima verderben. Wer zum Beispiel übers Essen mäkelt, missachtet die Arbeit des anderen, der sich mit dem Kochen viel Mühe gegeben hat. Machen Sie gemeinsam ein einfaches und lustiges Signal aus, mit dem auf die Nörgel-Stopp-Regel aufmerksam gemacht wird, zum Beispiel eine selbstgebastelte Verkehrskelle mit einem grantigen und einem fröhlichen Gesicht.

Du bist spitze 79

Loben Sie Ihr Kind abends vor dem Einschlafen für Dinge, die ihm tagsüber besonders gut gelungen sind: »Es hat mir gefallen, wie du deinen Freund getröstet hast. Es ist ja auch schlimm, wenn man seinen Teddybären verliert.« Oder: »Das Bild, das du heute für mich gemalt hast, ist wirklich wunderschön. Ich freue mich immer, wenn du mir ein Bild schenkst.«

Wir laden ein

Überlegen Sie beim Frühstück einmal gemeinsam, mit welchen Menschen Sie am liebsten zusammen sind – abgesehen natürlich von der eigenen Sippe. Vielleicht mag Ihr Kind die alte Dame von nebenan besonders, die immer so spannende Geschichten von früher erzählt. Rufen Sie spontan an und laden Sie sie zum Nachmittagskaffee ein. Da wird sich nicht nur Ihr Kind riesig freuen!

 **81** Für dich – einfach so

Bestimmt haben Sie mit Ihrem Kind schon häufiger im Supermarkt an der Kasse angestanden. Die nette Kassiererin, mit der Sie immer plaudern, lässt sich nicht aus der Ruhe bringen – obwohl manche Kunden ungeduldig sind, drängeln und damit schlechte Stimmung verbreiten. Überlegen Sie gemeinsam, womit Sie beide der Kassiererin oder einer anderen Person eine kleine Freude machen könnten – vielleicht mit einer netten Postkarte und einem Bild, das Ihr Kind malt?

Erde und Wasser  **82**

Sand und Erde – in Verbindung mit Wasser: für die Kleinen ein ideales Spielmaterial. Das Wühlen im weichen, feuchten Schlamm fördert nicht nur die Feinmotorik der Hände. Sand und Erde lassen sich auch formen und nach eigenem Willen gestalten. Das verschafft Ihrem Kind Erfolgserlebnisse und weckt seine Schaffensfreude.

Kreativität braucht Zeit

83

Bitte nicht stören, wenn Ihr Kind sich gerade ausdauernd einer Sache widmet. Lässt sich – falls es Ihre Zeit erlaubt – das Mittagessen eine Viertelstunde vertagen? Die Kleinen können ihre Kreativität nämlich nur entfalten, wenn sie nicht ständig zur Eile gedrängt werden.

TIPP

Kündigen Sie rechtzeitig an, wenn Sie zeitig fort müssen, damit das Kind sein Spiel in Ruhe beenden kann.

Reaktionstest

Ein Spiel für Mama und Kind oder Papa und Kind: Einer hält ein ca. 30 cm langes Lineal am oberen Ende fest. Der andere hält seine halb geöffnete Hand unter das Lineal. Plötzlich wird das Lineal fallen gelassen und der andere versucht, es mit der Hand aufzufangen. Bei welcher Zentimeter-Marke hat seine Hand zugeschnappt? Dann werden die Rollen getauscht. Reaktionsschnell können wir nur sein, wenn wir ganz in der Gegenwart sind – achtsam im Hier und Jetzt.

Kresse pflanzen  85

Kressesamen wächst schnell. Kinder können schon bald nach dem Einsäen das Grün sprießen sehen.

Das brauchen Sie: eine Schale, Küchenkrepp, ein Tütchen Kressesamen, eine Wasserspritze
So pflanzen Sie die Kresse an: Legen Sie gemeinsam den Boden der Schale mit mehreren Lagen Küchenkrepp aus. Die Blätter werden mit Wasser besprüht, bis sie ganz nass sind. Streuen Sie nun den Kressesamen gleichmäßig darauf. Der Samen quillt durch das Wasser auf und beginnt zu keimen. Wenn Ihr Kind nun noch dafür sorgt, dass der Kressesamen immer feucht bleibt, kann es etwa nach einer Woche frische Kresse ernten. Sie wird dazu mit einer Schere dicht über der Wurzel abgeschnitten. Die Kresse schmeckt köstlich auf Butterbrot!

Bus fahren

Fahren Sie eine Strecke, die Sie sonst mit Ihrem Kind per Auto zurücklegen, einmal mit dem Bus. Kinder, die damit nicht so vertraut sind, werden staunen: über die Türen, die sich automatisch öffnen und schließen; über die vielen Leute, die ein- und aussteigen; über die Autos, auf deren Dächer man nun prima schauen kann.  86

> **TIPP**
> Öffentliche Verkehrs-
> mittel sind ein gutes
> Übungsfeld für
> soziales Miteinander.
> Ein Beispiel: Jüngere
> überlassen Älteren
> oder Müttern mit
> kleinen Kindern
> ihren Sitzplatz.

Das erste Eis

Heute begrüßen wir den Frühling mit dem ersten Eis des Jahres in einem tollen Eiscafé.
Natürlich lassen sich auch viele andere Anlässe mit einer Kugel Eis feiern und besonders würdigen: vielleicht ein gut gelungenes Diktat, die erste Übernachtung bei einer Freundin oder der vorher gefürchtete und heil überstandene Besuch beim Augenarzt.

Lachende Eierköpfe

Dieses Abendbrot ist bei Kindern der Hit: Vollkorntoast mit Kräuterfrischkäse bestreichen, mit Scheiben vom hart gekochten Eiern belegen und mit Tomatenpaste lachende Gesichter auf die Eierscheiben malen.

Die Sonne wecken

Wecken Sie gemeinsam die Sonne! Es muss noch dunkel sein, wenn Sie mit den Kindern aufstehen. Suchen Sie eine Stelle, von der aus Sie gut den Himmel beobachten können. Anfangs schimmert er in einem zarten Rosa, dann wird das Licht immer intensiver: ein wunderschöner Anblick! Begrüßen Sie die aufgehende Sonne mit einem Lied.

Kartoffelchips

90 Selbst gemachte Kartoffelchips sind viel gesünder und schmecken besser als fertige. Rohe, geschälte Kartoffeln werden fein gehobelt und trockengetupft. Bepinseln Sie die dünnen Scheiben mit Raps- oder Sonnenblumenöl. Die Chips werden auf ein Papier gelegt und im Backofen bei 220 Grad etwa eine halbe Stunde gebacken.

Spiele erfinden

Auf dem Tisch oder auf der Wiese liegen verschiedene Dinge, etwa ein Eierkarton, zehn Steine, drei Murmeln usw. Aufgabe für Kinder und Eltern: aus diesen Materialien verschiedene Spiele erfinden. Beispiele: Wer schafft es, alle zehn Steine so zu werfen, dass jeder in einer Vertiefung des Eierkartons liegen bleibt? Oder: Aus den Steinen wird ein Kreis gelegt, der an einer Stelle offen ist. Wer schafft es, die drei Murmeln durch die Öffnung zu kullern? Oder: Wer kann aus zehn Steinen einen Turm bauen?

TIPP

Solche Spiele fördern den Einfallsreichtum des Kindes und machen es unabhängiger von vorgefertigten Dingen.

4. Wunsch der Glücksfee

Freiräume

und Grenzen

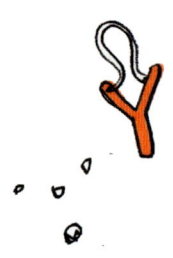

Grenzen und Regeln machen das Leben für Kinder überschaubarer. Sie geben eine Grundordnung vor, mit deren Hilfe sich Mädchen und Jungen orientieren können. Zugleich sollten Eltern sich nicht in jedem Fall sklavisch an die einmal aufgestellten Regeln halten. Hier die Balance zu finden, ist eine Herausforderung für Mütter und Väter. Doch es lohnt sich.

Sanft wie ein Lamm oder brüllend wie ein Stier

Sie malen uns rote Herzen, schreiben in ihren ersten, noch ungelenken Buchstaben, wie lieb sie uns haben. Oder sie decken ohne Aufforderung den Abendbrottisch und schmücken ihn auch noch mit einem Strauß selbst gepflückter Wiesenblumen. Doch wir kennen sie auch anders, unsere Kinder: Dann knallt die neunjährige Tochter uns die Kinderzimmertür vor der Nase zu und brüllt lautstark, wie gemein wir sind, weil ja alle anderen die Teenie-Serie im Fernsehen anschauen dürfen – nur sie nicht! Unser Dreijähriger wälzt sich schreiend auf dem Boden des Supermarktes, weil er nichts Süßes bekommt. Und der Achtjährige zieht eine Show ab, weil er an diesem Tag mit dem Tischdecken an der Reihe ist und das partout nicht einsehen will.

Rettungsanker im Machtkampf

Kinder sind unberechenbar: heute liebenswert und kooperativ, morgen schlecht gelaunt und nörgelig. Dies trifft auch für Elternnerven zu: An einem Tag sind sie dick wie ein Seemannstau, am nächsten dünn wie ein Nähfaden. Wenn Kinder immer wieder Regeln verletzen und Grenzen überschreiten, kann das an mangelnder elterlicher Konsequenz liegen. Das tobende Kind im Supermarkt ist auf einen Machtkampf aus, aber es braucht die Mama als Rettungsanker. Ihr Nein gibt ihm Sicherheit. Würde die Mutter nachgeben, käme es beim nächsten Einkauf garantiert wieder zum Eklat. Die neunjährige Tochter möchte an die Regel erinnert werden, dass niemand in der Familie wie ein Stier brüllen und Türen zuknallen darf. Und der Achtjährige darf sich entscheiden, ob er den Tisch gut gelaunt oder nörgelig deckt. Aber er sollte wissen, dass er ihn deckt und kein anderer.

> Es gehört zum Großwerden dazu, sich am Widerstand der Eltern zu reiben. Für die protestierenden Kinder ist daher wichtig, dass Mütter und Väter stark wie ein Felsen in der Brandung sind.

Ständiges Quengeln ist ein Hilferuf

Manchmal sind wir Eltern beim Grenzensetzen etwas unsicher – vor allem, wenn das Kind sauer reagiert oder sich beleidigt zurückzieht. Dann geben wir oft nach – aus Angst vor Auseinandersetzungen oder ganz einfach, weil wir müde und erschöpft sind. Zuweilen steckt aber auch die Angst dahinter, die Zuneigung des Kindes zu verlieren. Keine Sorge: Kein Kind nimmt Schaden, wenn ihm sinnvolle Grenzen gesetzt werden. Im Gegenteil: Kinder, die nie in ihre Schranken verwiesen wurden, entwickeln sich zu kleinen Tyrannen und Nervensägen. Ihr ständiges Quengeln ist ein Hilferuf, denn sie suchen dringend nach Halt und Orientierung. Umgekehrt sollten Eltern sich selbstkritisch fragen: Welche Regeln sind unbedingt notwendig? Und wo kann ich meinem Kind etwas mehr Freiraum lassen?

Wann mal ein Auge zudrücken?

Schlecht ist ein ständiges Hin und Her. Kinder verlieren dann die Orientierung. Ihnen ist ein klares Nein lieber als ein halbherziges Ja, das dann doch irgendwann wieder in Frage gestellt wird. Hinzu kommt: Es fällt ihnen leichter, Grenzen einzuhalten, wenn sie die Reaktion ihrer Eltern voraussehen können und wissen: Ein Aufstand lohnt sich in diesem Fall nicht. Was nicht heißen soll, dass Eltern nicht auch mal einen Kompromiss schließen sollten. Ein Beispiel: An den Schultagen wird die Vorabend-Serie nicht angeschaut. Dafür gibt es am Samstagabend ein Fernseh-Wunsch-Programm mit aufgezeichneten Sendungen. Oder: Immer, wenn das Kind morgens auf einem Kalenderblatt einen Klebestern findet, darf es sich im Supermarkt eine Süßigkeit aussuchen. Oder: Wenn der Dienst habende Tischdecker total erschöpft vom Fußballtraining heimkommt, übernimmt jemand anderes seine Aufgabe. Dafür hilft der kleine Fußballer morgen beim Unkrautjäten.

Wir kaufen ein

Lassen Sie mal Ihr Kind bestimmen, was am Wochenende auf den Tisch kommt. Es darf mit Ihnen den Speiseplan zusammenstellen, alles auf einen Zettel schreiben und gemeinsam mit Ihnen einkaufen gehen.

Kariert und geblümt

Ihr Kind liebt seine neue Blümchenhose und seinen gestreiften Pulli so sehr, dass es beides gleichzeitig anziehen möchte. Warum nicht?! Nehmen Sie es mit Humor und verbannen Sie Einwände wie »Aber die Sachen passen doch nicht zueinander« oder »Was sollen die anderen denken?« aus Ihrem Wortschatz.

TIPP

Kinder lernen Verantwortung für sich zu übernehmen, wenn sie manches selber entscheiden dürfen.

Regeln einhalten

Gewisse Regeln gelten für Kinder und Eltern, etwa zweimal täglich Zähne putzen oder sich vor dem Essen die Hände waschen. Für Kinder ist es ein großer Spaß, Mama und Papa zu kontrollieren: Haben die am Ende geschummelt? Kinder bekommen ein Zahnputz-Bonusblatt. Für jedes Zähneputzen gibt es ein lustiges Klebebild und – wenn das Blatt voll geklebt ist – eine kleine Überraschung.

Loben mit Gefühl

95

Achten Sie einmal darauf, welche Art von Feedback für Sie selbst am wertvollsten ist. Ein generelles »Gut gemacht« hören wir sicher gerne. Doch wenn jemand sagt: »Besonders lecker an deinem Kuchen finde ich, dass …« oder »Toll, dass Ihnen bei diesem Projekt eingefallen ist, X und Y zu machen«, dann blühen wir wirklich auf. Kindern geht es nicht anders. Wenn Sie zum Beispiel ein Bild Ihres Kindes anschauen, signalisieren Sie ihm, dass Sie Einzelheiten wahrnehmen. Fragen Sie nach, ob Sie richtig verstanden haben, was das Bild zeigt. Lassen Sie dabei auch unterschiedliche Ansichten zu.

Puppeneinladung  **96**

Laden Sie die Puppen und Stofftiere Ihres Kindes zu einem Festschmaus ein: Möhren, Kohlrabi, Radieschen, Gurken, Äpfel und Birnen in Scheiben oder Schnitze schneiden und dekorativ auf Tellern anrichten. Da bleibt garantiert nichts übrig. Und Ihr Kind hat seine Vitamine bekommen – ganz ohne Aufhebens und Machtkämpfe.

97 Sandalen bei Regenwetter

Manchmal helfen Kompromisse. Ihr Kind möchte an einem Regentag mit Sandalen in den Kindergarten? Lassen Sie es! Aber packen Sie feste Schuhe und ein Paar Extra-Socken ein. Ihr Kind wird bald feststellen, wie unpraktisch Sandalen beim Pfützenspringen sind und dass es dabei kalte Füße bekommt.

TIPP

Wenn Sie Ihrem Kind etwas zu sagen haben, sollten Sie zu ihm auf Augenhöhe gehen, Blickkontakt suchen und in »Ich-Botschaften« reden: »Ich möchte, dass du dich jetzt anziehst!«

Keine Moralpredigten 98

Über alles lässt sich reden – auch wenn Ihr Kind unvernünftig gehandelt hat. Wenn Sie ihm keine Vorwürfe machen und das Problem sachlich mit ihm bereden, fühlt es sich ernst genommen und akzeptiert.

Verlässlich sein

Versprechen Sie immer nur, was Sie auch halten können. Wenn Sie Ihrem Kind zum Beispiel einen Abendspaziergang zum Spielplatz versprochen haben, sollten Sie ihn nicht aus Bequemlichkeit ausfallen lassen.

99

Keine Tricks!  100

Ihr Kind soll Sie am Telefon verleugnen? Keine gute Idee. Denn damit sind Sie ein Vorbild fürs Lügen. Dann dürfen Sie sich nicht wundern, wenn es künftig selbst zu solchen Tricks greift.

 101 Auf Wünsche eingehen

Eltern haben zuweilen den Eindruck, Kinder seien wahre Weltmeister im Wünschen. Wichtig: Akzeptieren Sie den Wunsch Ihres Kindes – auch wenn Sie ihn nicht erfüllen wollen oder können. Nicht das Kind mit seinem Wunsch sollte abgelehnt werden, sondern nur die Erfüllung des Wunsches. Beispiel: Ihr Kind möchte einen zweiten Schokoriegel. Sagen Sie bitte nicht: »Du bist aber auch nie zufrieden«, sondern einfach: »Nein, es gibt keinen zweiten Riegel.«

Kerzen anzünden

 102

Streichhölzer ziehen Kinder magisch an. Deshalb ist es besser, mit Ihrem Kind das sichere Anzünden von Kerzen einzuüben, damit es nicht heimlich zu zündeln braucht. Erklären Sie ihm, wie es das Streichholz an der Schachtel reibt und wann es die Flamme auspusten muss.

> **TIPP**
>
> Eine wichtige Regel: Streichhölzer werden nur im Beisein von Erwachsenen benutzt.

103　Sich entschuldigen

Wenn Sie Ihrem Kind Unrecht getan haben oder es unter
Ihrer Nervosität leiden musste, sollten Sie sich entschuldigen und ihm sagen, dass es Ihnen leid tut. Auch Ihr
Kind muss lernen, sich zu entschuldigen, etwa nach einem Streit mit seinem Freund, wenn es zu Ihnen grob
und unhöflich war oder jemanden aus Versehen ange-
rempelt hat.

Pflanzendetektiv　104

Das lenkt ab, wenn Mama oder
Papa einmal schnell mit einer
Arbeit fertig werden und sich
dabei konzentrieren müssen:
Suchen Sie im Garten je ein Ex-
emplar von verschiedenen
Baum-, Strauch- und Blüten-
blättern. Ihr Kind hat nun die
Aufgabe, Zwillingsblätter zu
finden. Wenn der kleine Pflan-
zendetektiv alle Paare vervoll-
ständigt hat, ist Ihre Arbeit bestimmt auch erledigt. Auch
Zimmerpflanzen lassen sich
auf diese Weise unter die Lupe
nehmen.

Lösungen suchen 105

In Familien kommt es immer wieder zu typischen Konflikten, etwa ums Aufräumen oder Zu-spät-Kommen. Unterschwelliger Ärger staut sich auf. Lassen Sie es erst gar nicht dazu kommen. Es ist gut, einmal in aller Ruhe über die ständigen Anlässe für Ärger und Streit zu sprechen und gemeinsam Lösungsvorschläge zu finden. Eine Familienkonferenz ist nützlich: Alle kommen zu Wort und jeder wird ernst genommen.

Kindersicht

106 Versuchen Sie, sich hin und wieder in die Lage Ihres Kindes zu versetzen und Ihre eigene Sichtweise nur als eine von mehreren möglichen Perspektiven zu verstehen. Das verhilft zu mehr Verständnis und entschärft Konflikte bereits im Vorfeld.

Keine Negativ-Wörter 107

»Ich muss noch den Abwasch erledigen«: Eltern machen sich oft selbst unnötig Druck, wenn sie negative Wörter wie »müssen« benutzen. Darüber hinaus erzeugen sie bei Kindern mit der Zeit Unbehagen und Ablehnung. »Ich spüle zuerst das Geschirr« oder »Nach dem Aufräumen spielen wir zusammen« hört sich nicht nur anders an, es ruft auch eine andere Atmosphäre hervor.

> **TIPP**
>
> Wenn Sie Ihrem Kind sagen: »Bitte hör endlich auf mich und zieh die Schuhe aus!«, versteht es: »Lass Mama nur betteln! Ich bin sowieso der Boss!« Sagen Sie stattdessen: »Zieh die Schuhe aus, bevor du ins Wohnzimmer kommst!«

Bummelstreik

108

Frühstücken, Anziehen, zum Kindergarten gehen: Das erledigen Kinder oft im Schneckentempo, sehr zum Leidwesen ihrer Eltern. Denn die Zeit drängt vor allem morgens. Einfache Tricks helfen Konflikte zu vermeiden: Wir laufen um die Wette. Mal schauen, wer als Erster am Kindergartentor ankommt! Oder: Wetten, du schaffst es nicht, Schuhe und Jacke anzuziehen, bis die Sanduhr abgelaufen ist?

Nicht ohne meinen Helm

Eltern verlangen zuweilen von ihren Kindern Dinge, die sie selber nicht beherzigen, zum Beispiel das Tragen eines Fahrradhelms oder während des Essens nicht zu lesen. Durchforsten Sie Ihren Alltag einmal nach solchen Dingen und gehen Sie mit gutem Beispiel voran.

109

110 ### Aufgaben verteilen

Hausarbeit ist nicht nur Elternsache. Jedes Familienmitglied – auch das kleinste – kann häusliche Pflichten übernehmen: die Spülmaschine ausräumen, den Tisch decken, die Wäsche sortieren. So wird jedem ein Stück Verantwortung übertragen. Und das macht Kleine ganz groß. Hinzu kommt, dass Kinder gerne einen Beitrag leisten wollen. Am besten stellen Sie Woche für Woche einen Arbeitsplan auf. Er sollte für alle gut sichtbar einen Platz an der Wand bekommen, etwa am Essplatz.

 111 Es rappelt im Karton

Ein Anbrüller, zum Beispiel: »Ruhe! Ich muss mich aufs Autofahren konzentrieren!«, macht Kindern klar, dass jetzt wirklich Schluss mit der Balgerei sein muss. Dazu gehört allerdings noch eine Erklärung, warum es Mama und Papa nervt, wenn die Kinder mitten im Berufsverkehr auf den Rücksitzen herumtoben. Aber das macht erst dann Sinn, wenn sich die Wogen geglättet haben. Eltern sollten ihren Kindern erklären, warum es Zeiten gibt, in denen sie besonders angespannt sind. Kinder strapazieren Mamas und Papas Nerven ja nicht absichtlich. Sie sind keine geborenen Nervensägen und zeigen sich verständnisvoller, als manche Eltern glauben.

Keine Supermama 112

Alle Kinder fragen ihren Eltern gern Löcher in den Bauch. Doch Mütter und Väter sind keine Supermenschen, die alles wissen müssen. Wenn Ihr Kind Sie beim nächsten Mal fragt: »Warum ist das so?«, könnten Sie mit einer Gegenfrage antworten: »Was glaubst du denn, warum es so ist?« Seien Sie neugierig auf seine Antwort. Wenn Sie gerade in Stimmung sind, erfinden Sie gemeinsam verrückte Erklärungen oder bieten Sie ihm an, gemeinsam im Lexikon nach einer Antwort zu suchen.

Gewinnen und Verlieren  113

Verlieren beim Spielen müssen Kinder erst mal lernen. Tipps, wie's leichter geht: Der Verlierer darf bestimmen, was als Nächstes gespielt wird. Ideal sind kurze Spielrunden, bei denen jedem einmal das Glück winkt. Jedes Kind hat seine Stärken. Das eine ist besonders reaktionsschnell, das andere kann sich Dinge gut einprägen. Wählen Sie die Spiele so aus, dass jedes Kind mal die Chance hat zu gewinnen.

Rätsel-Kissen

Ein super Spiel, wenn Besuch mit Kindern kommt: Im Zimmer verstreut liegen viele Kissen. Unter einem ist ein Rätsel versteckt. Auf ein Startzeichen krabbeln die Kinder los und heben ein Kissen nach dem anderen hoch. Wer das Rätsel findet, darf versuchen, es zu lösen. Schafft er es nicht, ist der Nächste an der Reihe. Sieger ist, wer das Rätsel löst. Der Mitspieler, der das richtige Kissen hochhebt und dann auch noch das Rätsel löst, bekommt einen Zusatzpunkt.

Hier drei Rätsel:

Welches Tier schluckt Geld?
(Sparschwein)

Welche Birnen sind nicht süß?
(Glühbirnen)

Wer hat schon als Baby graue Haare?
(Esel)

Langeweile vertreiben

Kinder messen und wiegen für ihr Leben gern. Aufgabe: Sie und Ihr Kind schätzen das Gewicht, die Länge oder die Anzahl von verschiedenen Dingen. Wer mit seiner Schätzung der Wahrheit am nächsten ist, bekommt einen Punkt gutgeschrieben. Und wer am Schluss die meisten Punkte hat, darf sich einen Nachtisch wünschen.

Hier einige Aufgaben:

> Wie viele Löffel liegen in der Küchenschublade?
> Wie schwer ist eine Scheibe Brot?
> Wie lang ist der Tisch?
> Wie viele Tiere befinden sich auf Seite 5 im Bilderbuch?
> Wie viele Eier sind im Kühlschrank?

TIPP

Jedes Kind braucht im Alltag auch mal »lange Weilen« – Zeiten, in denen es auf sich allein gestellt ist: eine große Chance, auf kreative Ideen zu kommen. Eltern brauchen nicht immer sofort den Animateur spielen.

Treppen-Rechnen

 So macht Mathe-Üben Spaß: Auf jeder Treppenstufe klebt ein Zettel mit einer Rechenaufgabe und einem Punkt des Farbwürfels. Am Fuß der Treppe stehen zwei Kinder. Eins würfelt, das andere steigt auf die Stufe, die den Farbpunkt des Würfels zeigt, und löst die Rechenaufgabe. Je nach gewürfelter Farbe geht es hoch oder runter. Das Spiel ist aus, wenn das rechnende Kind die Farbe der obersten Stufe erreicht hat. Dann werden die Rollen getauscht. Das Spiel lässt sich natürlich auch mit Mama oder Papa spielen.

117 Saftige Vitaminrätsel

Aus verschiedenen Obstsorten werden kleine Portionen Saft gepresst. Füllen Sie jeden Saft in einen Becher und schneiden Sie vom passenden Obst jeweils ein kleines Stück ab. Die Kinder sollen durch Schmecken herausfinden, welcher Saft zu welchem Obst passt.

Kleine Helfer

TIPP

Helfen ist immer ein Wechselspiel: Wenn Ihr Kind Ihnen hilft, könnten Sie ihm auch Hilfe anbieten, zum Beispiel beim Aufbau seiner Eisenbahn oder beim Puzzeln.

Kinder möchten bei allem dabei sein, was Mama und Papa machen. Lassen Sie Ihr Kind gewähren! Keine Angst vor zerbrochenem Geschirr oder Überschwemmungen! Nehmen Sie die Hilfe Ihres Kindes dankbar an und sparen Sie nicht mit Lob. Strahlende Kinderaugen sind ein größeres Geschenk als heile Tassen und Teller.

Was ich am liebsten mag

Jeder schreibt auf drei Zettel je eine Sache, die er gern mag oder macht und die leicht umzusetzen ist. Beispiele: sich kraulen lassen, mit Papa Fußball spielen, Seifenblasen machen, Erdbeereis schlecken, Mensch-ärgere-dich-nicht spielen, auf den Spielplatz gehen, Märchen vorlesen usw. Die Zettel werden gemischt und verdeckt auf den Tisch gelegt. Dann wird einer von ihnen aufgenommen. Sollte der Wunsch nicht sofort in die Tat umgesetzt werden können, wird ein nächster Zettel genommen.

Tag der Leseratten  120

Besuchen Sie mit den Kindern die öffentliche Bibliothek. Lassen Sie ihnen genug Zeit, sich in der Kinderbuchecke umzuschauen. Jeder – natürlich auch Sie selbst – leiht ein Buch aus. Zu Hause gibt's dann eine gemütliche Schmökerstunde mit viel Vorlesen und Erzählen.

 121

Frühstücksquark selber machen

Für Kinder ist es interessant zu beobachten, wie aus einem Nahrungsmittel ein anderes entstehen kann – etwa Quark aus Dickmilch:
Stellen Sie ein Sieb auf eine große Schüssel und breiten Sie über das Sieb ein sauberes Leinentuch. Einen Becher Dickmilch (500 g) in das Tuch geben. Die Tuchzipfel hochhalten und zusammenbinden. Diesen Sack über den Ausguss hängen und langsam abtropfen lassen. Wenn nichts mehr aus dem Sack heraustropft, ist der Quark fertig. Den Quark mit etwas Salz, Pfeffer und Kräutern abschmecken.

5. Wunsch der Glücksfee

Fantasie und Spielfreude

Kinder bauen sich die Welt, wie sie ihnen gefällt. Aus Schachteln entstehen Städte. Aus Zweigen, Moos und Baumblättern pflanzen sie einen Wald für ihre Spielfiguren. Der Teddybär kann sprechen, und die Kaffeekanne ist in Wirklichkeit ein verwunschener Prinz. Eltern können die Entwicklung ihres Kindes unterstützen, indem sie ihm Freiräume zum Entdecken und Ausleben seiner Fantasie ermöglichen.

Die Welt neu erfinden

Wenn Kinder ihre Kreativität entfalten sollen, brauchen sie viel Zeit und Platz zum Spielen. In einem Kinderzimmer mit vollgestopften Regalen und Schränken verlieren sie jedoch die Übersicht. Gut ist es deshalb, das Kinderzimmer hin und wieder zu entrümpeln und Dinge für eine Weile wegzuräumen. Bei uns daheim kam zum Beispiel der Kaufmannsladen nur in der Weihnachtszeit vom Speicher herunter. War das eine Freude! Mit Hilfe seiner Vorstellungskraft kann ein Kind die Welt neu erfinden. Es sammelt dabei Erfahrungen und macht sich sein eigenes Bild. Vorgefertigte Bilder hingegen lassen die Fantasie verkümmern. Kinder brauchen einfache Spielsachen. Puppen, die sprechen können, und Autos, die auf Knopfdruck fahren, geben alles vor und verhindern Kreativität. Erfinderisch machen ganz andere Dinge: leere Schachteln, Knöpfe, Stoffreste, Holzabfälle, Schere, Kleber, Papier und Malstifte. Und nicht zu vergessen: alles, was Kinder draußen finden.

Kinder, denen nur wenige Spielsachen zur Verfügung stehen, lernen zu improvisieren.

Mit allen Sinnen entdecken

Kinder brauchen keine ausgeklügelten Förderprogramme, kein Kinder-TV und keine Lern-Software. Sie brauchen Erlebnisse und Erfahrungen, bei denen alle Sinne beteiligt sind. Die Hirnforschung hat längst herausgefunden, dass unsere Sinne die Verbindung zwischen der inneren und der äußeren Welt sind. Das Gehirn sammelt alle Sinneseindrücke und ordnet sie in Kategorien. Dies führt dazu, dass sich Nervenzellen vernetzen und sich die Verbindungen dauerhaft festigen. Und nur wenn ein Kind selbst tätig ist, werden alle Sinne angeregt. Nur so lernt es die Eigenschaften und Verwendungsmöglichkeiten von Dingen kennen: Die Apfelsine ist orange und rund, sie fühlt sich etwas schrumpelig an. Und wenn man sie aufschneidet, riecht es in der ganzen Küche gut. Die Frucht ist in mehrere Spalten aufgeteilt. Sie schmecken süß und sind sehr saftig. Dieses Beispiel zeigt sehr anschaulich: Kinder sollten immer auch einen ganzen Prozess mitbekommen – und nicht nur einen Teil davon. Besser als die Apfelsinenstückchen mundgerecht zu servieren ist es, das Kind von Anfang an zu beteiligen und es selber schneiden und schälen zu lassen.

Erfolgserlebnisse machen Lust auf mehr

Kinder brauchen Zeit und Ruhe, ihre kleine Welt zu erforschen und alles Neue beliebig oft auszuprobieren. Denn jedes Kind hat sein individuelles Entwicklungs- und Lerntempo. Damit es sich gut entwickeln kann, braucht es Eltern, die es in seiner Fantasiewelt ernst nehmen. Lassen Sie sich also von Ihrem Kind an die Hand nehmen und sich von ihm in die kindliche Zauberwelt entführen. Nehmen Sie Anteil an dem, womit Ihr Kind sich gerade beschäftigt. Nur so können Sie herausfinden, was es interessiert und was ihm Freude macht. Vergleichen Sie Ihr Kind nicht mit anderen. Freuen Sie sich über jeden kleinen Fortschritt. Loben und ermutigen Sie es. Erfolgserlebnisse machen Kinder nämlich nicht nur stolz, sondern auch mutig für die nächsten Lernschritte. Mit Mama und Papa spielen ist für Kinder wunderbar. Sie können davon nicht genug bekommen. Aber sie brauchen darüber hinaus auch gleichaltrige Spielpartner. Denn sie regen sich gegenseitig an und erhalten beim gemeinsamen Spiel wichtige Impulse.

Raus aus der Komfortzone!

Kinder, die selbst und aus eigenem Antrieb forschen dürfen und so auf immer neue Spiel- und Kreativ-Ideen kommen, punkten gegenüber ihren Altersgenossen, die sich nur ungern neuen Herausforderungen stellen. Ermutigen Sie Ihr Kind deshalb, sein Leben selbst in die Hand zu nehmen und zu gestalten. Dazu gehört Hilfestellung beim Schüren des Feuers namens »Entdeckerlust«. Machen Sie Ihrem Kind Mut, seine Ziele beharrlich zu verfolgen und nicht aufzugeben, wenn mal etwas nicht nach Plan läuft, wenn es zu Misserfolgen oder Enttäuschungen kommt. Dabei helfen Mutmacher wie: »Du hast immer so gute Ideen! Bestimmt wird dir eine Lösung einfallen. Ich freue mich schon, wenn du mir davon erzählst.«

Glücksdeckel  122

Gebraucht werden zehn runde Bierdeckel. Beschriften Sie die Deckel jeweils auf einer Seite mit den Zahlen von 1 bis 10. Von einer Startlinie aus rollt der erste Spieler nacheinander alle zehn Deckel. Liegt beim Fallen die Zahl nach oben, wird sie aufgeschrieben. Anschließend werden alle Punkte zusammengezählt. Dann ist der nächste Spieler an der Reihe. Wem lacht heute die Glücksfee?

Radieschen abwürfeln

 123

Schneiden Sie mehrere Radieschen in Scheiben und legen Sie damit den Rand eines großen Tellers aus. Es wird abwechselnd gewürfelt. Wirft der Spieler zum Beispiel eine Drei, zählt er von einem vorher festgelegten Start-Radieschen aus drei Scheiben weiter und isst die dritte auf. Fünf und sechs zählen nicht. Wer eine Fünf wirft, darf noch einmal würfeln. Bei einer Sechs wird eine Runde ausgesetzt. Beim Abzählen werden nur die Radieschenscheiben, nicht die Zwischenräume gezählt. Sieger ist, wer die letzte Radieschenscheibe verspeist.

Künstlerwerkstatt  124

Richten Sie Ihrem Kind eine kleine »Künstlerwerkstatt« mit Materialien ein, die es zum Experimentieren anregen: Wasserfarben, Knete, Wachskreide, Holzbuntstifte, Papier, Tapetenreste, Bierdeckel, leere Schachteln, Toilettenpapierrollen, Stoffreste usw.

TIPP

Geben Sie Ihrem Kind, wenn es fragt, was es malen soll, auch mal außergewöhnliche Anregungen, etwa: »Herr Rot und Frau Gelb unternehmen etwas zusammen. Was könnte es wohl sein? Ich bin schon sehr gespannt.«

125 Im Koffer brummt was!

Kofferpacken am Familientisch mal anders – und sehr lustig: Jeder packt ein Geräusch ein: »Ich packe in meinen Koffer …« Beispiele: in die Hände klatschen, mit den Füßen stampfen, husten, laut gähnen, brummen, pfeifen, la-la-la singen, mit den Fingern schnipsen usw. Jedes Mal werden alle Geräusche der Reihenfolge nach wiederholt und ein neues hinzugefügt.

Verkleidungskiste  126

Kinder stöbern gern auf Dachböden oder in Abstellkammern herum. Stellen Sie dort eine Kiste mit geheimnisvollen Dingen auf, die Ihr Kind zum fantasievollen Spielen und Verkleiden anregen: alte Kleidungsstücke, Stoff- und Wollreste, Hüte, Modeschmuck, Tücher, ausrangierte Handtaschen.

Kraftakt für den Rücken

 127

Eine Runde Frühsport als Stärkung für den Rücken! Sie und Ihr Kind liegen sich auf dem Bauch gegenüber und reichen sich gegenseitig einen Ball oder Luftballon zu – mindestens fünf Mal.

Kein Kopf ohne Laus

128

Sie sagen einen Satz mit »kein« und »ohne«. Ihr Kind antwortet darauf mit einem Reimsatz – ebenfalls mit kein und ohne. Beispiel: »Kein Haus ohne Maus« – »Kein Kopf ohne Laus«. Oder: »Kein Lehrer ohne Klasse« – »Kein Kaffee ohne Tasse«.

Karton-Ski  **129**

Ein witziges Bewegungsspiel für draußen: Jeder Mitspieler bekommt zwei leere Schuhkartons und zwei Stöcke. Er stellt je einen Fuß in einen Karton und schiebt sich Schritt für Schritt nach vorne. Mit den »Ski-Stöcken« geht's noch schneller.

Kullernüsse

130

Ein umgedrehter Schuhkarton wird bunt bemalt. Schneiden Sie ein großes Tor hinein. Nun wird mit Nüssen gekullert. Wer erzielt die meisten Tore?

Kugelbilder  131

Legen Sie in den Deckel einer Pappschachtel ein Blatt Papier. Ihr Kind taucht mehrere Murmeln in verschiedene Plakafarben und lässt sie im Deckel hin- und herrollen. Daraus ergeben sich kunterbunte Kringel und lustige Schleifen.

Rubbelbilder 132

Suchen Sie mit Ihrem Kind Gegenstände, die sich gut auf Papier abrubbeln lassen: Münzen, Baumblätter, Tüll, Wellpappe, Baumrinde, Kamm, grobes Gewebe usw. Legen Sie auf jedes Teil ein Stück Papier. Ihr Kind kann die Struktur dann mit dem Bleistift abrubbeln.

TIPP

Kleben Sie die Rubbelbilder später gemeinsam zu einem großen Bild zusammen und hängen Sie es auf.

133 Hochstapler

Je zwei Mitspieler bilden eine Mannschaft. Der eine Spieler legt je einen Knopf auf die gespreizten Fingerspitzen des anderen. Dann stapelt er behutsam weitere Knöpfe darauf. Der andere muss dabei die Hand ruhig halten und darf die Balance nicht verlieren. Welches Team wird Stapelmeister?

Ball prellen 134

Zu dem folgenden Vers wird ein Ball zuerst ganz hoch, dann immer tiefer geprellt. Wenn Ihr Kind darin noch nicht so geschickt ist, darf es mit beiden Händen prellen und den Ball auffangen.

> Mein Ball zeigt, was er kann:
> Hüpft hoch wie ein Mann,
> dann hoch wie eine Kuh,
> dann hoch wie ein Kalb,
> dann hoch wie eine Maus,
> dann hoch wie eine Laus,
> dann ruht er sich aus.

TIPP

Sprechen und sich dabei bewegen: Das regt die kindliche Sprachentwicklung besonders an.

Gänschen rupfen

Stecken Sie zehn Wäscheklammern an Ihren (robusten) Pulli. Und nun sind Sie das Gänschen und laufen fort. Ihr Kind nimmt die Verfolgung auf. Es soll das Gänschen rupfen und möglichst viele Klammern abziehen.

Besteck-Mikado  136

Kippen Sie nach dem Abendbrot Messer, Gabel und Löffel kreuz und quer auf dem Tisch aus. Nun nimmt jeder abwechselnd ein Besteckteil weg. Wer das ohne das leiseste Klirren schafft, darf den Löffel, das Messer oder die Gabel behalten. Verursacht er jedoch ein Geräusch, kommt das Teil wieder auf den Haufen zurück. Wer hat eine ruhige Hand?

Namensball

137

Eine gute Konzentrationsübung, bei der Bewegung im Spiel ist: Ihr Kind wirft zehnmal hintereinander einen Ball gegen eine Mauer und fängt ihn wieder auf. Dabei nennt es jedes Mal den Namen einer Pflanze, eines Tiers, eines Märchens, einer Automarke usw. Was aufgezählt werden soll, wird vorher festgelegt. Dann sind Sie an der Reihe, und Ihr Kind darf bestimmen, ob Sie zehn Tiere oder zehn Automarken aufzählen sollen.

Zauberboot  138

Sie brauchen: ein kleines Holzbrett, einen Nagel, einen Magneten, einen Schaschlikspieß, etwas Papier, Knetmasse, Klebstoff, Schere

So wird das Zauberboot gebastelt: Aus dem Papier wird ein Viereck als Segel geschnitten und gegen den Schaschlikspieß geklebt. Diesen Mast befestigen Sie mit Knetmasse in der Mitte des Brettchens. Der Nagel wird vorne ebenfalls mit Knete festgeklebt.
Ihr Kind setzt das Boot ins Planschbecken. Es hält den Magneten so vor das Boot, dass er es nicht berührt. So kann es bestimmen, in welche Richtung das Boot segeln soll. Es bewegt sich durch die magnetische Anziehungskraft wie von Zauberhand gesteuert.

139 Können Eier schwimmen?

Kinder lieben Experimente. So können sie testen, ob Salzwasser besser trägt als Süßwasser: Ein rohes Ei wird in ein Glas gelegt. Füllen Sie Wasser ein. Das Ei bleibt liegen, es schwimmt nicht. Nun streuen Sie Salz ins Wasser und rühren vorsichtig um, damit es sich auflöst. Was passiert? Das Ei steigt auf einmal und schwimmt. Warum? Alle Körper haben im Salzwasser einen größeren Auftrieb.

TIPP

Kinder sind geborene Forscher und deshalb immer Feuer und Flamme für kleine Experimente. Ein ganz einfaches Beispiel: Über ein Teelicht ein Glas stülpen. Die Flamme geht aus. Warum? Sie bekommt keinen Sauerstoff mehr.

Farben suchen

140 Ein Spiel mit dem Farbwürfel: Es wird reihum gewürfelt. Zeigt der Würfel grün, nennt der Spieler einen grünen Gegenstand. Im Laufe des Spiels kommen immer mehr farbige Dinge zusammen. Der Spielleiter schreibt sie unter den entsprechenden Farbrubriken auf einen Zettel, denn kein Gegenstand darf zweimal genannt werden. Wem bis zum Schluss immer noch etwas einfällt, hat gewonnen.

Reise-Detektive

Schneiden Sie zehn Karten aus weißem Tonkarton aus. Auf jede Karte wird etwas gemalt, zum Beispiel: Berg, Brücke, Burg, Kirche, Eisenbahn, Flugzeug, Wohnwagen, Fluss, Kuh, Schaf. Nehmen Sie die Karten bei einer längeren Autofahrt mit. Ihr Kind ist der Reise-Detektiv. Jedes Mal, wenn es beim Hinausschauen etwas Passendes entdeckt, darf es die entsprechende Karte abgeben. Wie lange dauert es, bis Ihr Kind keine Karte mehr hat?

Sockenspaß

Ein lustiges Spiel, das die Geschicklichkeit von Kinderhänden fördert: Jedes Kind bekommt zehn verschieden große Socken. Auf ein Startsignal streift jeder möglichst viele Socken über einen Fuß. Nach drei Minuten klingelt der Küchenwecker. Wer hat die meisten Socken an? Wer besonders schlau war, hat mit dem kleinsten angefangen und den größten bis zum Schluss übrig gelassen.

Geschichtentheater

Hat Ihr Kind ein Lieblingsmärchen oder eine Lieblingsgeschichte? Heute darf es in die Rolle einer Person daraus schlüpfen. Helfen Sie beim Zusammenstellen von ein paar Requisiten, die das Kind nennt, ohne Ihnen jedoch die Geschichte zu verraten. Dann darf das Kind eine typische Szene vorspielen, und Sie erraten, wen es darstellt. Anschließend können Sie eine zweite Rolle in der Geschichte übernehmen und gemeinsam weiterspielen.

 **144** Turnspaß im Wohnzimmer

Legen Sie verschieden große Kissen in verschieden großen Abständen zu einem Kreis aus. Ihr Kind geht nun von Kissen zu Kissen. Dabei muss es mal kleine und mal ganz große Schritte machen. Oder: Rollen Sie Teppiche der Länge nach auf und legen Sie sie hintereinander auf den Fußboden. Ihr Kind darf über die Rollen balancieren.

TIPP

Aus Decken, Kissen, Matratzen und stabilen Pappkartons lassen sich tolle Bewegunglandschaften bauen.

Kissen-Tennis  **145**

TIPP

Material für Fangspiele gibt es in jedem Haushalt: Plastikschüssel, großes Sieb, Schuhkarton, Hut oder Handschuhe.

Ihr Kind hält einen leeren Eimer und versucht, ein kleines Kissen damit aufzufangen, das Sie ihm zuwerfen. Dann bekommen Sie den Eimer. Wer fängt die meisten Kissen?

Blinder Korbball  **146**

In der Mitte des Zimmers steht ein Korb. Die Mitspieler stellen sich einige Schritte davon entfernt auf. Jeder schreibt auf fünf Pingpongbälle den Anfangsbuchstaben seines Namens. Dann wird das Zimmer verdunkelt, sodass niemand mehr etwas sehen kann. Der Reihe nach werfen die Spieler ihre Bälle. Dann wird das Licht wieder angeknipst. Wer hat die meisten Bälle in den Korb geworfen? Die Kinder dürfen die weggekullerten Pingpongbälle wieder aufsammeln. Oft finden sich dabei vermisste Legoteile oder Spielzeugautos!

 147 Stumm sprechen

Bei dieser Aktion sind volle Aufmerksamkeit und genaues Hinschauen gefragt: Sie sagen drei Wörter, zum Beispiel Apfel, Banane und Birne. Nun formen Sie eines dieser Wörter nur durch Mundbewegungen. Wenn Ihr Kind das richtige Wort herausgefunden hat, darf es selber drei Wörter nennen und eines davon lautlos sprechen.

Betten machen  148

TIPP

Kinder lieben Rollenspiele über alles. Und sie haben besonders viel Spaß, wenn Mama und Papa mitmachen.

Der nächste Bettwäsche-Wechsel ist fällig? Für Kinder ist es das Höchste, auf der Matratze herumzuhopsen, Purzelbäume zu schlagen und sich mit den abgezogenen Laken und Bettbezügen zu verkleiden, etwa als König oder Gespenst.

Eine Ladung Socken

 149 Kinder mögen Hausarbeit gern spielerisch: Aus Strümpfen paarweise eine Straße legen, die Paare zusammenlegen und sie mit einem großen Lastkipper zum Bestimmungsort transportieren.

Stummes Theater

Sie denken sich eine kurze Handlung aus, etwa Kuchen backen, und spielen den Vorgang ohne Küchengeräte und ohne zu sprechen vor: die Zutaten in eine imaginäre Schüssel geben, durchkneten, in eine Form füllen und in den Backofen schieben. Ihr Kind soll raten, was sie gemacht haben. Dann darf es Ihnen etwas vorspielen, und Sie müssen herausfinden, was.

Familien-Olympiade

Wer schneidet bei den folgenden Disziplinen am besten ab und erreicht als Erster das Ziel? Gemischtaltrige Teams können Frustration vorbeugen, wenn bei kleinen Kindern die Geschicklichkeit noch nicht so groß ist.

Mit Hilfe eines Spiegels rückwärts durchs Zimmer oder über die Wiese gehen

Mit einem Buch auf dem Kopf das Ziel erreichen

Einen aufgeblasenen Luftballon zwischen die Knie klemmen und ins Ziel kommen, ohne den Ballon zu verlieren

Gemüsegarten  152

Aus Gemüseresten kann ein Garten oder Wald für Spielfiguren entstehen.

Sie brauchen: Wurzelgemüse wie Möhren, Kohlrabi, Rettich oder Rote Beete, einen großen tiefen Teller, einige saubere Kieselsteine

So wird's gemacht: Schneiden Sie vom Gemüse den oberen Wurzelteil ab. Die Blätter werden abgeschnitten, aber die Stiele sollen etwa 1 cm hoch stehen bleiben. Geben Sie so viel Wasser in den Teller, dass der Boden bedeckt ist. Nun legen Sie die Scheiben mit der flachen Seite nach unten hinein und stellen den Teller auf eine sonnige Fensterbank. Schon nach wenigen Tagen beginnen die Triebe zu wachsen. Bedecken Sie den Tellerboden mit Kieselsteinen und halten Sie ihn immer gut feucht, denn die Pflanzen brauchen Wasser zum Wachsen. Nach etwa zwei Wochen ist der Gemüsegarten fertig.

> **TIPP**
>
> Für Kinder ist es sehr spannend, die Pflänzchen beim Wachsen zu beobachten. Entsprechend groß ist der Jubel, wenn das erste Blatt zu sehen ist.

153 Krachmacher-Band

Jedes Familienmitglied bekommt ein anderes »Instrument«: zwei Topfdeckel, eine Rasseldose mit Erbsen, Schlüsselbund, zwei Holzklötze zum Gegeneinanderschlagen usw. Dazu gibt's einen Sänger. Die Band spielt zum Rhythmus des Liedes auf ihren Instrumenten.

6. Wunsch der Glücksfee

Abenteuer in der Natur

Der beste Spielplatz ist die Natur. Auf der Wiese herumtollen, hinter Bäumen Verstecken spielen, am Bach einen Staudamm bauen, Schnecken, Käfer und Ameisen beobachten: Da sind Kinder in ihrem Element. Wald, Wiese und Garten stecken voller Abenteuer, die es zu entdecken gilt.

Wichtige Lebenszusammenhänge

Eine gute Beziehung zur Natur und Ehrfurcht vor der Schöpfung entwickeln Kinder durch intensiven Kontakt zu Erde und Wasser, Pflanzen und Tieren. Erklären Sie Ihrem Kind die Lebenszusammenhänge: Ohne die Natur könnten wir nicht leben. Bäume liefern den Sauerstoff zum Atmen. Beeren, andere Früchte, Pilze und angepflanztes Gemüse dienen uns als Nahrung. Kinder, deren Eltern und Großeltern viel mit ihnen durch Wälder, Wiesen und Felder streifen und sie bei der Gartenarbeit mithelfen lassen, werden lebenstüchtiger als gleichaltrige Stubenhocker: Sie kennen den Unterschied zwischen gut schmeckenden und giftigen Pilzen, zwischen genießbaren und ungenießbaren Beeren, zwischen einem Kohlkopf und einem Salat. Sie entdecken den Wandel der Jahreszeiten, wie alles entsteht und wieder vergeht und wie der Mensch Teil eines größeren Kreislaufs ist.

Kinder lieben geheime Orte

Bei Kindern, die sich viel in der Natur bewegen, stehen alle Sinne auf Empfang. Sie nehmen Düfte, Geräusche und Bilder viel intensiver wahr: das Spiel von Licht und Schatten, die verschieden grünen Blätter, lieblich duftende Blumen, das Knacken im Unterholz, das Summen von Insekten, das Zwitschern verschiedener Vogelarten und das Plätschern des Bachs. Kinder lieben geheime Orte, an denen sie sich zurückziehen oder verstecken können, etwa Baumhäuser, Erdmulden, frei geschnittene Verstecke zwischen Sträuchern, ein kleines Stück Garten, das von einer Hecke umzäunt wird, oder Zelte. Das Abenteuer erfinden die Kinder selber: Der Baumstamm wird zu einer wackeligen Brücke, die über eine gefährliche Schlucht oder einen reißenden Fluss führt. Auf der anderen Seite der Brücke entdecken sie geheimnisvolle Spuren auf dem feuchten Waldboden. Bestimmt gehören sie zu einem Dinosaurier oder Drachen!

Purzelbäume machen fit und schlau

Kinder, die draußen herumtollen, über Mauern balancieren und auf Bäume klettern, lernen ihren eigenen Körper und ihre Fähigkeiten kennen. Sie sind in der Lage, sich selber einzuschätzen. Bewegung hat darüber hinaus einen wichtigen sozialen Aspekt. Kinder lernen, miteinander und auch mal gegeneinander zu spielen. Bäume, Bälle, Mauern, Steine, Klettergerüste werden ausprobiert, ihre Eigenschaften erkundet und Gesetzmäßigkeiten erkannt. Beim Herumtollen entwickelt Ihr Kind Konzentration, Ausdauer und Geschicklichkeit. Es sucht ständig nach Bewegungsgelegenheiten und neuen Herausforderungen: im Zickzack-Kurs oder rückwärts laufen, ohne gegen andere Kinder oder Hindernisse zu stoßen, auf einem Bein hüpfen, sich auf dem Klettergerüst immer höher hinaufwagen. Dabei sammelt es wichtige Erfahrungen und lernt Risiken besser einzuschätzen. Eine wichtige Rolle spielt dabei auch der Gleichgewichtssinn. Wenn Ihr Kind über eine Mauer balanciert, rudert es mit den Armen, um das Gleichgewicht nicht zu verlieren. Das macht es ganz instinktiv. Wenn es wippt, erkennt es bald, dass das Gewicht auf beiden Seiten

> Der Gleichgewichtssinn spielt übrigens eine große Rolle bei der Sprachentwicklung.

gleich verteilt werden muss, sonst kann die Wippe nicht in Schwung kommen. Das Gleiche gilt fürs Schaukeln. Nur mit einer bestimmten Körperhaltung kann Ihr Kind mehr Schwung holen oder abbremsen. Dies lernt es ganz automatisch durch ständiges Ausprobieren. Kinder können zum Beispiel ähnlich aussehende Buchstaben, etwa M und W, oder Zahlen, etwa 6 und 9, leichter unterscheiden, wenn sie gelernt haben, Dinge aus unterschiedlicher Perspektive zu sehen. Wenn Ihr Kind also viel klettert und schaukelt (auch mal kopfüber), wenn es bäuchlings die Rutsche hinuntersaust oder Purzelbäume schlägt, wird es nicht nur körperlich, sondern auch geistig fit.

Kleine Detektive  154

Kinder spielen mit Vorliebe Detektiv. Rüsten Sie Ihren Nachwuchs mit Lupen aus und dann hinaus ins Freie. Wer entdeckt als Erster einen Marienkäfer, eine Ameise oder einen Regenwurm?

 155 ## Kneipp-Kur

Laufen Sie mit Ihrem Kind barfuß über den taunassen Rasen. Oder: Stellen Sie einige große Schüsseln im Kreis auf. Sie werden abwechselnd mit kaltem und warmem Wasser gefüllt. Nun steigen Sie nacheinander mit nackten Füßen von Schüssel zu Schüssel. Der Reiz zwischen kalt und warm gibt Energie und macht munter.

TIPP

Regelmäßiges Kneippen stärkt die Abwehrkräfte von Kindern: Sie bekommen seltener Schnupfen und Halsweh.

Steine kneten  156

Suchen Sie mit Ihrem Kind draußen nach besonders schönen und markanten Steinen. Wieder daheim, werden sie gesäubert und begutachtet. Dann versuchen Sie und Ihr Kind, mit verbundenen Augen und durch Tasten einen Stein mit Knetmasse nachzuformen. Wer schafft es am besten?

 Blumen-Ufos

Eine originelle Frisbee-Scheibe: Zwei Pappteller werden mit Blumen bemalt und mit Paketklebeband aufeinander geklebt. Fertig ist ein super Flugobjekt: das Blumen-Ufo.

Andere Wege

 Wählen Sie heute mal ganz bewusst einen anderen Weg zum Kindergarten oder zum Einkaufen. Achten Sie mit Ihrem Kind dabei auf Besonderheiten: Welche Blumen blühen in den Gärten? Welche Bäume stehen am Straßenrand? Wie sehen die Häuser in diesen Straßen aus? Welchen Menschen begegnen wir? Ungewohnte Wege schärfen die Beobachtungsgabe.

Wie alt ist der Baum?

TIPP

Kinder vergleichen gern: Wie alt ist der Baum, und wie alt bin ich? Ist der Baum älter als mein Papa oder sogar mein Opa?

An der Schnittstelle eines gefällten Baumes können Sie die Jahresringe zählen und so das Alter bestimmen. Breite Ringe zeigen, dass der Baum in diesen Jahren viel Wasser und Sonne bekommen hat. Schmale Ringe lassen auf Dürrezeiten schließen. Solche Beobachtungen sind für Kinder interessant und fördern ihre Wahrnehmungsfähigkeit.

Spazierengehen mit Spaß  160

Ihr Kind darf sich für den Abendspaziergang eine Gang- oder Transportart aussuchen. Beispiele: Huckepack auf Papas Rücken; in der Gartenschubkarre, die Papa durchs Viertel schiebt; im alten Kinderbuggy. Oder: Alle gehen drei Schritte vor und einen zurück und dann wieder das Gleiche von vorn.

Blumen pflücken

Pflücken Sie mit Ihrem Kind auf der Wiese einen Strauß Frühlingsblumen, etwa Löwenzahn, Gänseblümchen und Vergissmeinnicht. Ordnen Sie die Blumen zu Hause zu einem schönen Strauß. Betrachten Sie gemeinsam die unterschiedlichen Blüten und Blätter. Unter der Lupe kann Ihr Kind die feinen Verästelungen in den Blüten erkennen.

161

162 Zapfen und Punkte sammeln

Ein Waldspiel für die ganze Familie: Der Spielleiter sucht ein schönes Plätzchen fürs Picknick aus. Er geht auf die Suche nach zehn verschiedenen Dingen, die in diesem Bereich zu finden sind: Tannenzapfen, Farn, verschiedene Baumblätter, kleine Zweige, Steine usw. Diese Dinge werden in einen Stoffbeutel gelegt. Dann greift der erste Spieler in den Beutel und zieht einen Gegenstand heraus, etwa einen Zapfen. Er zeigt ihn den anderen und alle gehen auf Zapfen-Suche. Wer als Erster einen Tannenzapfen findet, bekommt einen Punkt gutgeschrieben. Dann geht's in die zweite Runde.

Reise nach Matschedonien  163

So wird ein verregneter Sonntag zum spritzigen Vergnügen: Alle ziehen Gummistiefel an und machen sich auf die Reise nach »Matschedonien«. Keine Eisenbahn fährt dorthin, und kein Flugzeug ist je dort gelandet. Matschedonien findet man nämlich nur dort, wo der Boden unter den Füßen besonders glitschig und glibberig ist: auf einer sumpfigen Wiese, im Wald, auf einem Spielplatz, auf dem sich große Pfützen gebildet haben. Kinder lieben es, durch Matsch und Modder zu waten, über Regenpfützen zu springen und Matschburgen zu bauen.

> **TIPP**
>
> Spielen im Matsch fördert die sinnliche Wahrnehmung. Denn die Erde fühlt sich immer anders an: trocken oder bröckelig, glitschig oder klumpig. Ideal ausgerüstet ist Ihr Kind mit Buddelhose, Regenjacke und Gummistiefeln.

 164 ## Schätz-Olympiade

Nehmen Sie beim Spazierengehen einen Zettel und einen Stift mit. Auf dem Zettel stehen Fragen und daneben die Namen der mitlaufenden Familienmitglieder. Vor dem Losgehen darf jeder seine Schätzung abgeben. Wie vielen Hunden werden wir begegnen? Wie vielen Brillenträgern? Wie vielen Kinderwagen? Oder: Wird unsere Lieblingsbank im Park besetzt sein? Ja oder nein? Oder: Wie viele Schritte sind es vom Eiscafé bis zum Spielplatz?

Steinfamilie

 165 Sammeln Sie bei einem Spaziergang mit den Kindern dicke Steine. Zu Hause wird auf jeden Stein ein Gesicht gemalt: Fertig ist die Steinfamilie. Steineltern und -großeltern, Tanten, Onkel und die Steinkinder verstecken sich im Garten oder im Park unter Sträuchern oder Blättern. Die Kinder dürfen suchen. Wer findet die meisten Steinleute? Was haben sie im Gebüsch erlebt?

166 Windgemälde

Legen Sie ein großes Blatt Papier auf die Wiese und beschweren Sie es an den vier Ecken mit Steinen. Ihr Kind kleckst verdünnte Wasserfarbe aufs Papier, und dann darf der Wind übers Papier fegen und die Farbkleckse in Bewegung bringen. Wer will, darf mit Pusten nachhelfen.

Waldindianer

Ein Elternteil ist der Waldindianer. Die Indianerkinder folgen ihm und laufen, krabbeln, springen oder schlängeln sich hinter dem Waldindianer her – so, wie er es vormacht. Dabei geht's über Baumstämme hinweg, unter tiefen Zweigen hindurch oder krabbelnd über den weichen Waldboden.

167

168 Wo ist der Wichtel?

Ein kleiner Wichtel aus Knetmasse hat sich in einem Umkreis von 20 Metern im Wald versteckt. Er sitzt unter einem Strauch, hinter einem Baum oder im hohen Gras und leistet einem tickenden Wecker Gesellschaft. Wer entdeckt den Wichtel, indem er dem Ticken folgt?

169 Spaziergang im Feld

Gehen Sie mit Ihrem Kind durch die Felder. Schauen Sie zusammen die verschiedenen Getreidearten an: Roggen, Weizen, Gerste, Hafer, Dinkel und Mais. Worin unterscheiden sie sich? Wie fühlen sie sich an? Wie sehen die Körner aus? Was wird aus den verschiedenen Getreidearten hergestellt?

TIPP

Kaufen Sie Körner, mahlen Sie sie in der Getreidemühle und backen Sie zusammen ein Brot.

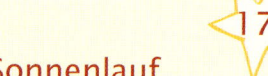

Sonnenlauf

Eine Überraschung beim Spazierengehen: Mama oder Papa stecken ein Stück Kreide ein. Unterwegs malen sie eine große Sonne mit zehn Strahlen auf den Gehweg oder auf einen Platz. Und dann beginnt der Sonnenlauf: Jeder läuft so um die Sonne herum, dass er nicht auf die Strahlen tritt. In der zweiten Runde wird gehüpft, in der dritten rückwärtsgelaufen.

Zapfenwerfen

Stopp! Beim Waldspaziergang bleiben alle stehen. Jeder hebt einen Tannenzapfen auf. Wer schafft es, mit seinem Zapfen einen dicken Baumstamm in der Nähe zu treffen? Beim nächsten Stopp heben alle ein Baumblatt auf und pusten es möglichst weit weg. Welches fliegt am weitesten?

Was knackt da im Unterholz?

Alle setzen sich auf den Waldboden im Kreis und schließen die Augen. Nach einigen Minuten erzählt jeder, welche Geräusche er gehört hat: Vogelgezwitscher, Knacken im Unterholz, das Rauschen der Blätter, das Plätschern des Wassers im Bach, vielleicht auch ein Flugzeug oder Hundegebell.

172

173 ## Die grüne Welt

Gehen Sie mit Ihrem Kind auf die Suche nach grünen Dingen in der Natur. Sammeln Sie verschiedene Gräser, Blätter, Stängel, Moos. Ihr Kind wird staunen, wie viele verschiedene Grüntöne es gibt. Experimentieren Sie zu Hause mit Wasserfarben, Filzstiften und Wachskreide. Welches Grün entspricht am ehesten dem Grashalm, dem Löwenzahnstängel, dem Birken- oder Kastanienblatt?

> **TIPP**
>
> Das macht erfinderisch: Suchen Sie mit Ihrem Kind nach Namen für die einzelnen Grüntöne, zum Beispiel Tannengrün, Moosgrün, Birkenblattgrün, Giftgrün, Drachengrün usw.

Was krabbelt da?

Jeder markiert auf dem Waldboden mit Stöckchen ein etwa gleich großes Feld. Was lässt sich auf diesem Stück Erde alles beobachten? Ameisen, Käfer, ein Regenwurm, eine Spinne, braune und grüne Tannennadeln, Tannenzapfen, kleine Zweige, Steinchen und vielleicht sogar ein kleines Geldstück, das dort jemand verloren hat.

Wo sind die Vögel?

Schneiden Sie kleine Vögel aus Tonkarton in den Grüntönen von Sträuchern aus. Befestigen Sie die Vögel darin. Ihr Kind muss genau hinschauen, denn die Vögel sind perfekt getarnt. Ob es sie alle findet?

Fuß-Detektive

Mehrere Schuhkartondeckel werden mit unterschiedlichem Material ausgelegt: Sand, Tannennadeln, Blätter, Moos, Kieselsteine, Gras, Erde. Legen Sie aus den Deckeln einen Weg und führen Sie Ihr Kind mit verbundenen Augen und nackten Füßen darüber. Errät es das Material? Lassen Sie es ein anderes Mal die Dinge mit den Händen ertasten.

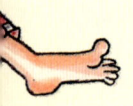

Käfersuche ⭐177

Bemalen Sie flache, ovale Kieselsteine als Käfer in verschiedenen Farben mit schwarzen Punkten. Grüne Käfer bekommen sechs, braune fünf, blaue vier, gelbe drei und rote zwei Punkte. Ihr Kind und seine Freunde sollen die Käfer im Gras suchen. Die roten oder gelben fallen im grünen Gras auf. Bei den blauen, braunen und grünen Käfern müssen die Kinder schon genauer hinschauen. Wer entdeckt die meisten Käfer? Schokoladenkäfer warten am Schluss auf die Adleraugen.

⭐178 Blüten-Mandala

Ein Blüten-Mandala sieht im grünen Gras sehr hübsch aus. Sammeln Sie mit den Kindern Gänseblümchen, Butterblumen, Vergissmeinnicht, Margeriten und andere Wiesenblumen. In die Mitte legen Sie eine große Blüte, etwa eine Margerite. Von dort aus werden kreis- und strahlenförmig andere Blüten zu einem Mandala gelegt.

TIPP

Fotografieren Sie das Blüten-Mandala und kleben Sie die Fotos später auf weiße Karten. Über einen solchen Frühlingsgruß freuen sich nette Menschen bestimmt sehr.

Ach du grüne Neune!

179 Suchen Sie neun grüne Gegenstände, zum Beispiel grüne Wäscheklammern, grüne Seife, grüne Bauklötze, grüne Äpfel usw. Verstecken Sie die Sachen auf einer Waldwiese. Hier sind sie ausgezeichnet getarnt. Ob Ihr Kind trotzdem alle neun Sachen findet?

Wetterzwerg  **180**

An dem kleinen Wetterzwerg hat Ihr Kind bestimmt viel Freude. Hängen Sie den Wetterzwerg draußen vor dem Kinderzimmerfenster auf. Ihr Kind kann dann beobachten, wie das Wetter wird. Die Zapfen schließen sich bei Feuchtigkeit und öffnen sich bei Trockenheit.

Sie brauchen: einen Tannenzapfen, eine kleine Wattekugel, roten Filz, rotes Nähgarn, Nähnadel, Watte, schwarzen und roten Filzstift, Klebstoff, einige kleine Stecknadeln, Schere
So wird der Wetterzwerg gebastelt: Ihr Kind bemalt die Wattekugel mit einem lustigen Gesicht und klebt sie am Tannenzapfen fest. Aus Watte wird ein Bart angeklebt. Schneiden Sie aus dem Filz einen Kreis. Er wird halbiert und zu einem Zwergenmützchen gedreht. Nähen Sie die Enden fest. Das Mützchen befestigen Sie mit Hilfe von Klebstoff und Stecknadeln auf dem Wattekugelkopf.

Überraschung für kleine Gäste  181

Überraschen Sie Ihr Kind und seine Spielkameraden mit Äpfeln zum Dippen.

Für vier bis sechs Kinder brauchen Sie: 800 g Äpfel, 300 g süße Sahne, 100 g Schokolade, je zwei Esslöffel gemahlene Haselnüsse und Cornflakes, eine Prise Zimt, einen Esslöffel Vanillezucker, Zitronensaft

So wird's gemacht: Die Schokolade bei schwacher Hitze schmelzen und mit 2 Esslöffeln flüssiger Sahne verrühren. Schlagen Sie die restliche Sahne mit Vanillezucker und Zimt steif. Eine Hälfte der Schlagsahne mit den Nüssen, die andere mit zerbröselten Cornflakes vermischen. Schneiden Sie die Äpfel in Spalten und entfernen Sie die Kerngehäuse. Die Apfelspalten werden mit etwas Zitronensaft beträufelt. Nun können die Kinder ihre Apfelspalten in die verschiedenen Dips tauchen und essen.

 182 ## Bacherkundungen

Machen Sie mit Ihrem Kind einen Spaziergang zu einem Bach. Lauschen Sie gemeinsam den Wassergeräuschen. Das Wasser plätschert mal leise und mal laut – je nachdem, welche Hindernisse es auf seinem Weg bachabwärts überwinden muss. Im Bach gibt es auch Strudel, in denen das Wasser Kreise zieht. Lassen Sie kleine Zweige schwimmen. Wie schnell sie sich fortbewegen! Und wie es platscht, wenn Sie zusammen Steine ins Wasser werfen!

TIPP

Bauen Sie mit Ihrem Kind einen Staudamm aus dicken Steinen. Es dauert nicht lange, bis sich das Wasser eine Umleitung gesucht hat oder sich ein Wasserfall bildet.

Punktekönig ⟨183⟩

Befestigen Sie, ohne dass Ihr Kind und seine Freunde es bemerken, zehn kleine weiße Zettel an Bäumen, Bänken oder Abfallkörben der Umgebung. Jedes Kind bekommt einen andersfarbigen Wachsmalstift. Dann geht's auf Zettelsuche. Wer einen findet, malt einen dicken Punkt mit seinem Stift darauf. Nach einer gewissen Zeit rufen Sie die Kinder zurück und sammeln die Blätter ein. Wer die meisten Zettel bemalt hat, ist Punktekönig.

Selbstvertrauen

Den Glauben an sich und seine Fähigkeiten nicht verlieren – auch wenn mal etwas schief geht. Und von den Eltern bestärkt und ermutigt werden, weiterzumachen und nicht aufzugeben: Aus diesem Stoff sind Selbstvertrauen und Selbstbewusstsein gemacht.

Das habe ich ganz allein geschafft!

Eltern, die ihrem Kind viele positive Erfahrungen ermöglichen, geben ihm das ideale Rüstzeug für sein Selbstvertrauen mit auf den Weg. Das beste Rezept: Lernen Sie die Stärken Ihres Kindes kennen, unterstützten Sie es darin, und loben Sie seine Fähigkeiten immer und immer wieder. Ein Kind, das möglichst viele Momente erlebt, in denen es sagen kann: »Das habe ich ganz allein geschafft!«, wächst über sich hinaus. Eine wichtige Zutat ist Ausdauer. Das Ergebnis ist dabei weniger wichtig als das Bemühen und die Anstrengung des Kindes. Manchmal muss der Erfolg eben etwas härter erkämpft werden. Doch dann ist das Glücksgefühl unbeschreiblich.

Aktivität macht belastbarer

Leider räumen wir unseren Kindern allzu oft Schwierigkeiten aus dem Weg. Die Herausforderung, bei Wind und Wetter unterwegs zu sein und ein Ziel erschöpft, aber glücklich zu erreichen, wird Kindern zum Beispiel häufig vorenthalten. Was Eltern dabei nicht bedenken: Schonung lähmt die natürliche Neugier und die Begeisterungsfähigkeit des Kindes – und damit auch seine Leistungsbereitschaft und sein Selbstvertrauen. Die Resilienzforschung hat längst ergeben: Kinder sind belastbarer und lernfähiger, wenn Eltern an ihre Fähigkeiten glauben und ihnen Mut machen. Dann bewältigen sie sogar schwere Krisen. Bei jeder Herausforderung, die ein Kind gemeistert hat – sei es ein selbstgebackener Kuchen oder das Schlichten eines Streites unter Freunden – wächst sein Gefühl von Selbstwirksamkeit: »Mir allein ist es zuzuschreiben, dass der Kuchen den Großeltern so gut schmeckt. Und ohne meine Hilfe würden meine Freunde und ich jetzt nicht so friedlich zusammensitzen und Eis schlecken.«

Du bist gut so, wie du bist!

Die Anerkennung durch die Eltern allein reicht jedoch nicht aus. Kinder, die selbstbewusst durchs Leben gehen sollen, brauchen Anerkennung von Gleichaltrigen und anderen Erwachsenen. Wichtig ist deshalb ein soziales Netz: Geschwister, Verwandte, Freunde aus dem Sportverein, Nachbarn und beste Freunde, die zu Ihrem Kind halten, die aber auch mal einen Streit aushalten: Menschen, denen Kinder vertrauen und bei denen sie sich Hilfe und Unterstützung holen können. Ein solches Netz vermittelt Ihrem Kind das Gefühl: »Du bist gut so, wie du bist. So mögen wir dich«. Dies ist ein Schutzpanzer, wenn es mal mit dem besten Freund nicht so gut klappt oder der Lehrer ungerecht war.

Auch mal Ablehnung aushalten

Wichtig sind auch gute Erinnerungen, auf die Kinder zurückgreifen können, und Vorbilder. Kinder lernen von ihren Eltern, zu sich selbst zu stehen und sich nicht von jeder Kritik unterkriegen zu lassen. Ein selbstbewusstes Kind weiß, was es möchte und was nicht. Es tut nicht unbedingt das, was andere von ihm erwarten, sondern riskiert auch mal Ablehnung und Befremden und hält dies auch gut aus. Wenn Sie das nächste Mal genervt sind, weil Ihr Kind Ihnen widerspricht, denken Sie daran: Kinder müssen sich darin üben dürfen, auch gegenüber »Stärkeren« Nein zu sagen. Schließlich wollen Sie doch auch, dass Ihr

> Wichtig ist daher ein warmherziges Familienklima, in dem es durchaus Reibungspunkte geben darf.

Kind sich wehrt, wenn es in gefährliche Situationen kommt oder wenn man ihm Drogen anbietet, nicht wahr?

Jedes Familienmitglied hat eine eigene Persönlichkeit, die respektiert werden sollte. Das setzt Achtung voreinander, Nähe und gegenseitige Offenheit voraus.

Sich selbst regulieren

Nicht jedem Bedürfnis sofort nachgeben und erst überlegen, bevor man handelt; nicht verzweifeln und resignieren, wenn mal nicht alles nach den eigenen Vorstellungen läuft: Kinder, die das beizeiten lernen, strahlen Gelassenheit und Stärke aus und machen sich weniger angreifbar. Sie können sich selbst regulieren und sehen sich nicht ständig als Opfer der eigenen Gefühle und Empfindungen. Sie als Eltern können Ihr Kind dabei unterstützen, indem Sie ihm zum Beispiel nicht jeden Wunsch erfüllen oder es ermutigen, sich die Tafel Schokolade oder die Tüte Bonbons einzuteilen, weil es nicht sofort eine neue gibt. Dazu gehört auch: mit dem Essen warten, bis alle am Tisch sitzen; bei einer Wanderung nicht jammern, dass der Weg kein Ende nimmt – immerhin ist er für die anderen ebenso weit wie für einen selbst; akzeptieren, dass es beim Kinobesuch nicht auch noch eine Riesenportion Popcorn oder Eis gibt.

In diesem Zusammenhang interessant: Bei einer großen Studie der Columbia Universität (USA) bekamen Vorschulkinder eine Süßigkeit. Wenn sie diese eine Viertelstunde unangetastet ließen, bekamen sie eine zweite dazu. Die Kinder standen also vor der Alternative: gleich essen oder warten und das Doppelte kassieren. Die Experten überprüften, wie sich diese Fähigkeit zum Verzicht mit anderen Fähigkeiten verband. Dabei zeigte sich: Kinder mit der größeren Selbstbeherrschung, also diejenigen, die die Süßigkeit nicht sofort aßen, konnten sich besser konzentrieren und waren intelligenter und resistenter gegen Stress als die Vergleichsgruppe, die sich sofort über die Süßigkeit hermachte.

Mut-Orden ⭐ 184

Ein kleiner Anstupser wirkt oft Wunder und verleiht Löwenmut. Zum ersten Mal bei einem Freund übernachten, mit dem großen Bruder auf einen Baum klettern, ein fremdes Kind auf dem Spielplatz ansprechen: Schenken Sie Ihrem Kind immer, wenn es sich etwas getraut hat, einen goldenen Klebestern. Bei fünf Sternen bekommt es einen Mut-Orden verliehen: einen Bierdeckel bunt bemalen, den Namen des Kindes darauf schreiben und die Sterne aufkleben.

⭐ 185

Kleines Kraftpaket

Kinder zeigen gern, wie stark sie sind. Geben Sie Ihrem Kind so oft wie möglich Gelegenheit dazu: den Wäschekorb tragen, den schweren Wagen durch den Supermarkt schieben, den kleinen Bruder ein Stück tragen.

Einsame Spitze! 186

Ein Kind malt fantastische Landschaften, ein anderes ist ein super Fußballer, ein drittes denkt sich immer lustige Geschichten aus. Weil Erwachsene oft betriebsblind sind und zu sehr auf Schulnoten schauen, werden Talente wie diese oft nicht wahrgenommen. Finden Sie heraus, was Ihr Kind besonders gut kann und was ihm Spaß macht. Und loben Sie es dafür. Das stärkt sein Selbstwertgefühl.

> **TIPP**
> Je mehr Kinder ihre Stärken ausbauen können, desto eher springt der Begeisterungsfunke auch auf andere Lernbereiche über.

Erfolgserlebnisse 187

Warten Sie geduldig ab, bis Ihr Kind das fehlende Puzzleteil eingefügt oder den Turm so gebaut hat, dass er nicht mehr umkippt. Erfolgserlebnisse stellen sich nur ein, wenn Ihr Kind etwas aus *eigenem* Antrieb geschafft hat.

Ausreden lassen

188

Wenn Sie Ihr Kind als Gesprächspartner respektieren, lernt es, dass seine Meinung für Sie wichtig ist. Das fördert sein Selbstbewusstsein und unterstützt es darin, sich selbst ebenso respektvoll zu verhalten. Hören Sie Ihrem Kind aufmerksam zu und lassen Sie es möglichst ausreden. Sagen Sie ihm keine Wörter vor, wenn es mal ins Stocken gerät. Und helfen Sie ihm nur dann weiter, wenn es Sie darum bittet.

 **189** Rasender Reporter

Statten Sie Ihr Kind mit Mikrofon, Schreibblock und Bleistift aus. Eine Haarbürste eignet sich gut als Mikrofon. Es darf Reporter spielen und Sie ausfragen, wenn Sie vom Einkaufen heimkommen: Was haben Sie gekauft? War die Verkäuferin freundlich? Gibt es in Ihrer Stadt schöne Geschäfte? Und so weiter. Noch stilechter wird das Reporterspiel, wenn Ihr Kind das Interview auf Kassettenrecorder oder mit einem MP3-Player aufnimmt.

Wochenend-Rituale  **190**

Wenn ein Elternteil das Kind immer nur am Wochenende sieht, tun verbindende Rituale gut: mit dem Kind zu einem besonderen Spielplatz gehen, beim Bauern Kartoffeln, Eier und andere Lebensmittel kaufen und gleichzeitig die Tiere bestaunen, eine Runde mit den Inlinern drehen usw.

> **TIPP**
>
> Qualität ist besser als Quantität: Ein intensiver Spielnachmittag einmal in der Woche wiegt mehr als eine gemeinsame Woche, in der das Kind wegen Zeitmangel ständig zu kurz kommt.

Starke Familienbande

191

Treffen mit Verwandten gehören oft zu den schönsten Kindheits-erinnerungen: der Onkel, der immer zu lustigen Späßen aufge-legt war. Die Tante, bei der man sich Kummer von der Seele re-den konnte und die bei Problemen mit den Eltern wunderbar vermittelte. Die Kusine, mit der man immer noch mehrtägige Bergtouren unternimmt. Der Vetter, der auch jenseits der Kinder-tage ein guter Ratgeber in allen Lebenslagen ist. Laden Sie des-halb häufiger Großeltern und andere Verwandte ein. Verabreden Sie sich zu gemeinsamen Aktivitäten – Ausflüge, Wanderungen, Picknick. Enge Familienbande lassen ein Kind spüren, dass es dazugehört und geliebt wird.

Pfützen sind der Hit

192

Stellen Sie sich vor, Ihr Kind spielt draußen. Plötzlich be-ginnt es in Strömen zu regnen. Es staunt über die Pfüt-zen, die sich innerhalb kurzer Zeit auf dem Weg bilden. Es lässt Blätter schwimmen, schaufelt mit den Händen einen Graben von einer Pfütze zur anderen. Es ist im wahrsten Sinne des Wortes in seinem Element. Bitte un-terbrechen Sie es jetzt nicht. Es ris-kiert vielleicht einen Schnup-fen und macht sich dreckig. Aber es hat an diesem Re-genspieltag viele wichtige Erfahrungen gesammelt.

TIPP

Wenn Ihr Kind durchnässt heimkommt, lassen Sie ihm sofort ein Bad ein. Das durchwärmt und verringert die Gefahr einer Erkältung.

Fremdenführer

193 Überlassen Sie Ihrem Kind einmal die Führung – zum Kindergarten, zum Spielplatz, zum Bäcker oder Kinderarzt. Kinder sind stolz, wenn Mama und Papa über ihre Selbständigkeit und gute Orientierung staunen.

Nun rede ich! 194

Wer kennt sie nicht, die berühmte Ecke im Londoner Hyde-Park: die Speaker's Corner. Ein Familienmitglied nach dem anderen stellt sich auf eine umgedrehte Getränkekiste und spricht über ein spannendes Thema. Vielleicht möchte Ihr Kind über seine Begegnung mit dem Kätzchen der Nachbarin erzählen oder über ein lustiges Erlebnis aus Kindergarten oder Schule. Freies Reden vor Publikum macht stark und selbstbewusst!

Morgenlied

Es ist schön, den Morgen gemeinsam mit einem Lied zu beginnen. Ein solches Ritual gibt Kindern und Eltern Kraft für den Vormittag in Kindergarten, Schule und Beruf. Fassen Sie sich alle an den Händen und schmettern Sie fröhlich los: »Froh zu sein, bedarf es wenig. Und wer froh ist, ist ein König.« Dieses Lied hört sich als Kanon besonders schön an.

195

Eisschokolade

196

Servieren Sie Ihrem Kind und seiner Freundin oder seinem Freund am Nachmittag mal eine Eisschokolade. Füllen Sie für jedes Kind ein Glas zu einem Viertel mit gekühltem Kakao. Dort hinein werden zwei Kugeln Vanilleeis gegeben, darüber ein dicker Klecks geschlagene Sahne und als Krönung Schokoladenstreusel. Ein Waffelröllchen und ein lustiger Strohhalm gehören natürlich auch dazu. Warum? »Weil ich mich freue, dass es euch zwei gibt.«

Wo bin ich? **197**

Gar nicht so einfach: blind durch die Wohnung zu gehen und sich dabei noch zu orientieren. Verbinden Sie Ihrem Kind die Augen und führen Sie es. Es geht barfuß, damit es den Bodenbelag besser spürt. Eine wichtige Orientierungshilfe sind darüber hinaus Geräusche, etwa das Ticken der alten Uhr im Wohnzimmer oder das Blubbern der Suppe, die gerade auf dem Herd kocht. Dann legen Sie einen Stopp ein. Weiß Ihr Kind, in welchem Zimmer es nun ist? Dann werden die Rollen getauscht.

TIPP

Spiele wie diese helfen, sich auf andere zu verlassen. Eine wichtige Voraussetzung zum späteren Teamwork in Schule und Beruf.

198 Mithelfen ist spannend

Kinder möchten die wirkliche Welt um sich herum kennenlernen. Aus diesem Grunde sind schon die Kleinsten fasziniert von der Arbeit der Eltern. Sie möchten überall dabei sein und mitmachen. Alles, was in der Küche, beim Putzen und Waschen, bei der Gartenarbeit und im Hobbykeller passiert, ist spannend. Planen Sie Zeit und Raum ein, um Ihrem Kind etwas zu erklären und es selbst ausprobieren zu lassen.

Du schaffst es! 199

Herausforderungen sind da, um sie zu bewältigen. Haben Sie Geduld, wenn Ihr Kind gerade etwas lernt, zum Beispiel Fahrradfahren. Sagen Sie: »Du schaffst das! Und es dauert nicht mehr lange, bis du allein fahren kannst.« Wichtig ist aber auch, dem Kind Hilfestellung anzubieten: »Wenn du das Gleichgewicht verlierst, bin ich da und fange dich auf.«

Das kann ich schon!

Zeigen Sie Ihrem Kind, wo es welche Dinge im Supermarkt findet. Es fühlt sich ganz groß, wenn Sie sagen: »Du darfst Milch und Joghurt aus dem Kühlregal holen. Ich besorge den Käse.« Oder: »Du darfst die Post aus dem Briefkasten holen und die Briefe öffnen.« Wenn Kinder spüren, dass Mama und Papa ihnen schon eine Menge zutrauen, wachsen sie weit über sich selbst hinaus.

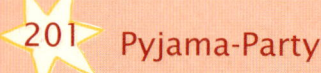 201 Pyjama-Party

Ihre Kinder dürfen je eine Freundin oder einen Freund zum Übernachten einladen. Machen Sie es der Rasselbande richtig gemütlich: mit vielen Kissen und Decken zum Kuscheln und gesunden Dingen zum Naschen, zum Beispiel klein geschnittenes Obst und Gemüse, Käsewürfel und verschiedene Fruchtsaftschorlen. Jedes Kind bekommt dazu einen andersfarbigen Trinkbecher mit einem hübschen Trinkhalm. Drücken Sie ein Auge zu, wenn die Kinder die Nacht zum Tage machen. Das gehört bei solchen Übernachtungsbesuchen dazu.

Schutzengel 202

Malen Sie auf ein weißes Taschentuch mit Stoffmalfarben einen Engel. Ihr Kind darf es in die Hosentasche stecken und hat nun seinen Schutzengel immer bei sich. Kinder brauchen solche Mutmacher zuweilen.

> **TIPP**
>
> Gleich, ob Sie selbst religiös sind oder nicht: Es ist für Kinder ein beruhigendes Gefühl, von einer höheren Macht gehalten und beschützt zu werden.

Nägel einschlagen

Kinder schauen ihren Eltern gern bei handwerklichen Arbeiten zu. Sie brennen darauf, auch mal einen Nagel einzuschlagen. Das können bereits Kindergartenkinder lernen. Sie brauchen dazu ein Stück weiches Holz, dickere Nägel und einen kleinen Hammer. Klemmen Sie das Brett vorsichtshalber fest, damit es nicht wegrutscht. Zeigen Sie Ihrem Kind, wie es den Nagel dicht unter dem Nagelkopf festhält und zuerst langsam und vorsichtig mit dem Hammer auf den Nagel schlägt. Wenn der Nagel nach einigen Schlägen so fest sitzt, dass er nicht mehr umfällt, wird die Hand weggezogen und der Nagel tiefer eingeschlagen.

204 Küchengespräche

Das wussten schon unsere Großmütter: Beim gemeinsamen Abwaschen, Gemüseputzen oder Tischdecken reden sich Kinder manchen Kummer von der Seele. Es liegt wohl an der heimeligen Atmosphäre in der Küche und an Mamas oder Papas Nähe. Ein weiterer wichtiger Aspekt: Wenn Kinder spüren, dass ihre Hilfe bei der Küchenarbeit willkommen ist, fühlen sie sich als wertvolle und wichtige Familienmitglieder.

Geheimplatz 205

Einkaufen ist für Kinder langweilig. Doch manchmal lässt es sich nicht vermeiden, sie mitzunehmen. Kinder überstehen den Einkauf gelassener, wenn er mit einem Ritual verbunden ist. Ein Beispiel: Kundschaften Sie auf dem Fußweg zum Laden einen geheimen Ort aus – unter einem großen Baum oder hinter einem Gebüsch. An diesem Geheimplatz bleiben Sie stehen und verraten Ihrem Kind ein kleines Geheimnis, etwa wie Sie als Kind der Lehrerin mal einen lustigen Streich gespielt haben. Kinder mögen solche Geheimniskrämereien.

Trau dich!

Geben Sie Kindern Gelegenheiten kleine Mutproben zu bestehen. Beispiele: von einem Stuhl herunterspringen, ganz alleine beim Bäcker Brötchen kaufen, den Papa im Betrieb anrufen und sich mit ihm verbinden lassen.

207 Du bist einfach unschlagbar

Kinder freuen sich wie die Schneekönige, wenn sie in der Öffentlichkeit gelobt werden, etwa: »Greta ist einfach unschlagbar. Wenn Lars schreit, kann sie ihn wunderbar beruhigen.« Das lässt Kinder über sich hinauswachsen. Und sie finden umso schneller in ihre Rolle als große Schwester oder großer Bruder hinein.

Erste Kontakte 208

Bauen Sie Ihrem Kind Brücken, damit es von sich aus auf andere zugeht. Der erste Schritt allein zu den fremden Kindern im Sandkasten fällt leichter, wenn man den anderen ein Gummibärchen anbieten kann. Trotzdem kann es eine Zeitlang dauern. Vielleicht bleibt Ihr Sohn oder Ihre Tochter einen Meter vor den anderen stehen und traut sich nicht näher. In der Regel dauert es jedoch nicht lange, und Ihr Kind wird von einem anderen angesprochen und zum Mitspielen oder Mithelfen aufgefordert.

TIPP

Wenn Eltern sich einmischen und ihr Kind ständig begleiten, wächst in ihm der Eindruck: Ohne Mama und Papa kriege ich nichts hin. Vertrauen Sie einfach darauf, dass es schon vieles selber hinbekommt.

Kinder müssen sich selber mögen

 **209** Wichtig ist es, dass Ihr Kind sich selbst mag. Stellen Sie sich gemeinsam vor einen großen Spiegel, hüpfen und albern Sie herum. Spielen Sie verschiedene Rollen und machen Sie Faxen. Erzählen Sie Ihrem Kind, was Sie besonders an ihm finden, was Sie mögen und schätzen, was es gut kann.

Ich trau dir etwas zu  **210**

Geben Sie Ihren Kindern möglichst oft Gelegenheit, selbst Entscheidungen zu treffen. Das Selbstbewusstsein wächst, wenn sie zum Beispiel ihre Anziehsachen auswählen, ihre Spielkameraden aussuchen oder bestimmen dürfen, was und wie viel sie essen. Die Kinder spüren so, dass Sie ihnen Vertrauen schenken. Wo können Sie über Ihren eigenen Schatten springen und das Kind etwas entscheiden lassen, auch wenn Sie es vielleicht anders machen würden?

Meisterbrief

 **211** Kinder sind stolz, wenn sie etwas ganz allein geschafft haben, etwa die Spülmaschine oder Waschmaschine in Gang setzen, selber fotografieren, den CD-Player bedienen usw. Stellen Sie Ihrem Kind einen Meisterbrief aus, wenn es wieder mal etwas Neues gelernt hat. Auf dem Meisterbrief klebt ein Foto des Kindes und natürlich stehen auch sein Name, das Datum und der Anlass der Auszeichnung darauf. Der Meisterbrief erhält einen Ehrenplatz an der Wand. Bei jeder neuen Fertigkeit wird er entsprechend ergänzt.

8. Wunsch der Glücksfee

Einfühlungsvermögen und Toleranz

Die Fähigkeit, sich in andere hineinzuversetzen,
entwickelt sich in den ersten sechs Lebensjahren.
Spätestens mit Eintritt in die Schule sind Kinder
in der Lage, Dinge aus der Perspektive eines
anderen zu sehen und entsprechend zu handeln.
Doch für diesen Entwicklungsschritt brauchen Kinder
Anregungen. Helfen wir ihnen durch unser Vorbild,
sensibel für die Empfindungen ihres
Gegenübers zu werden.

Wie kann ich dir helfen?

Einfühlsame Eltern leben ihrem Kind vor, das Befinden und die Gefühle
anderer Menschen aufmerksam in den Blick zu nehmen: Sie stehen im
Bus auf, wenn ein gehbehinderter Mann keinen Platz mehr bekommt.
Sie überlassen der Mutter mit dem fiebernden Kind in der Arztpraxis
den Vortritt. Sie übernehmen für die kranke Nachbarin den Einkauf.
Und sie fragen einen Mann, der offensichtlich etwas im Stadtplan sucht,
ob man behilflich sein kann. Auch Ihr Verhalten dem Kind gegenüber ist
maßgebend: wie Sie es bei Kummer trösten und welche Hilfe Sie ihm
anbieten. Dann tröstet es einige Zeit später nicht nur seinen Teddybär,
sondern den kleinen Jungen im Sandkasten, dem die Schaufel wegge-
nommen wurde. Und es sorgt vielleicht dafür, dass der Kleine wieder zu
seinem Spielzeug kommt. Denn es mischt sich so ein, dass Sie stolz auf
Ihr Kind sein können – nicht mit Drohgebärden, Schubsen und Hauen,
sondern mit Kompromissvorschlägen: »Der Junge ist traurig, weil du
dir seine Schaufel genommen hast. Gib sie ihm bitte zurück. Und dann
bauen wir drei zusammen eine Burg, ja?« Andererseits haben Eltern
aber auch die Pflicht, ihr Kind stark zu machen und es auf seine eigenen
Rechte hinzuweisen. Das heißt konkret: sich nicht ständig wegdrängen
lassen, wenn es um den Platz auf der Rutsche oder an der Ladentheke
geht.

Nach Lösungen suchen

Eltern, die sich eine solche einfühlsame Haltung ihres Kindes wünschen, sollten ihm Empathie nicht nur vorleben, sondern ihm von klein auf die Folgen seines Verhaltens vor Augen führen: »Das Kind weint, weil du es nicht mitspielen lässt.« »Es tut deinem Bruder weh, wenn du ihn haust.« Hilfreich ist es, das Kind an eigene schmerzhafte Erfahrungen zu erinnern: »Weißt du noch, wie traurig du warst, als deine Freundin dich nicht zum Kindergeburtstag eingeladen hat?« Kinder, die sich mit den Gefühlen anderer auseinander setzen, werden irgendwann nach Lösungen suchen: Wie kann ich dem traurigen Kind oder dem alten Nachbarn helfen, der sich beim Unkrautjäten im Vorgarten kaum noch bücken kann?

Nicht manipulieren lassen

Zum einfühlsamen Umgang mit anderen gehört ebenso Toleranz. Auch hier brauchen Kinder das Vorbild Erwachsener, die über den Tellerrand schauen und nicht den Stab über Menschen brechen, nur weil es alle anderen auch tun. Vor allem in unserer multikulturellen Gesellschaft wird Toleranz immer wichtiger. Fremdenhass und engstirnige Ausgrenzung Andersdenkender dürfen darin keinen Platz haben. Die heutigen Kinder und späteren Erwachsenen können nur friedlich und freundschaftlich mit Menschen anderer Nationalitäten, Hautfarben und sozialer Schichten zusammen leben und arbeiten, wenn sie schon von klein auf gelernt haben, Toleranz einzuüben. Kinder sollten erfahren, dass ihre Eltern sich nicht manipulieren lassen – weder durch Medien noch durch Autoritäten oder eine Meinung, die die Mehrheit vertritt. Sie brauchen Mütter und Väter, die sich selber ein Bild machen, ihre eigene Meinung bilden und zu dieser auch in der Öffentlichkeit stehen.

> Weder Kindern noch Erwachsenen tut es gut, sich von der Anerkennung durch andere abhängig zu machen.

Dreimal täglich  212

Verordnen Sie sich selber eine eigene Dosis »Herz- und Seelen-pillen«. Beispiele: Heute werde ich mein Kind für seine tollen Spielideen loben. Ich helfe ihm beim Aufräumen. Und ich rufe endlich meine Freundin an, die ich in der letzten Zeit etwas ver-nachlässigt habe. Die Wirkung: Sie fühlen sich gut. Eine erfreuli-che Nebenwirkung: Auch Ihrem Kind geht es super!

213

Milchstraße Nr. 7

Im magischen Alter zwischen drei und sechs Jahren haben Kin-der oft unsichtbare Begleiter, zum Beispiel einen lieben Drachen, einen edlen Ritter oder ein kleines Sternenkind. Schön, wenn El-tern darauf eingehen und etwa abends bei Tisch fragen, wie es dem Sternenkind aus der Milchstraße Nummer 7 geht. Natürlich sollte das Sternenkind auch einen Platz am Familientisch bekom-men. Kinder wissen solche Gesten sehr zu schätzen.

Einzelheiten einprägen

214

Hören Sie aufmerksam zu, wenn Ihr Kind Ihnen nach dem Kindergarten oder der Schule etwas erzählt. Prägen Sie sich dabei auch Einzelhei-ten ein. Wenn Sie später bei einer anderen Ge-legenheit nämlich daran anknüpfen, weiß Ihr Kind: »Ich bin meiner Mama und meinem Papa wichtig. Sie hören genau zu, wenn ich ihnen et-was erzähle. Und sie wissen sogar, dass mein Freund am liebsten Baustelle spielt und die Lieblingsfarbe meiner Freundin pink ist.«

Das Kätzchen freut sich  215

Machen Sie das Kind sensibel für die Gefühle anderer Menschen und die von Tieren. Beispiele: »Es ist sehr nett von dir, dass du deiner kleinen Kusine das Brot schmierst. Das kann sie noch nicht. Schau, wie sie dich anlächelt!« Oder: »Die Katze freut sich, dass du sie streichelst. Sie schnurrt zufrieden und möchte dir damit sagen: Du bist mein Freund.«

> **TIPP**
>
> Einfühlsames Verhalten wird belohnt. Aber oft nehmen wir die Dankbarkeit unseres Gegenübers nicht genügend wahr. Es ist gut, wenn Sie Ihr Kind für Reaktionen anderer auf sein Verhalten sensibilisieren.

216 Prinzessinnenblumen

Gehen Sie mit Ihrem Kind durch den Blumengarten, durch eine Gärtnerei oder über den Markt. Suchen Sie gemeinsam nach einer Blume, die lieblich wie eine Prinzessin riecht. Die Oma oder die Nachbarin wird staunen, wenn Ihr Kind ihr einen Strauß Prinzessinnenblumen mitbringt.

Gefühls-Steckbrief  217

Jeder malt sich selbst auf ein Blatt Papier, schreibt die folgenden Fragen neben die Zeichnung und antwortet darauf: *Ich freue mich, wenn ... Ich bin traurig, wenn ... Ich werde wütend, wenn ... Ich habe Angst, wenn ... Ich bin glücklich, weil ...* Offenheit, Vertrauen und Verständnis füreinander können wachsen, wenn wir in einem liebevollen Rahmen die ganze Familie an unseren Gefühlen teilhaben lassen und die der anderen kennenlernen.

 218

Starke Gefühle

Stöbern Sie mit Ihrem Kind in alten Zeitschriften und sammeln Sie Gesichter, die bestimmte Gefühle ausdrücken: Angst, Wut, Ekel, Staunen, Freude, Traurigkeit, Schüchternheit, Ausgelassenheit, Arroganz, Verlegenheit usw. Betrachten Sie gemeinsam die Bilder und reden Sie über die Gefühle, die sie ausdrücken.

TIPP

Warum ist der Mann traurig?
Warum freut sich das Kind?
Worüber ärgert sich die Frau?
Denken Sie sich mit Ihrem Kind
Situationen aus, die solche
Gefühle hervorrufen können.

Du bist für mich sehr wichtig

Bleiben Sie aufmerksam für die Vorlieben und Interessen Ihres Kindes. Ein Beispiel: Wenn es in der letzten Zeit fast nur mit seiner Ritterburg spielt, wird es sich über etwas Stroh für seine Holzpferde bestimmt sehr freuen. Wichtiger noch als das Stroh ist Ihre Anteilnahme, Anerkennung und Wertschätzung für das Spiel des Kindes.

219

 **220** **Liebevoll an andere denken**

Überlegen Sie gemeinsam mit Ihrem Kind, wem sie zwischendurch eine Freude bereiten können: Bestimmt strahlt die Oma über einen Überraschungsbrief mit einem selbst gemalten Bild. Und ganz gewiss freut sich der Papa, wenn er unter seinem Teller auf dem Abendbrottisch einen kleinen Zettel findet, auf dem steht: »Ich hab dich ganz doll lieb, Papa!«

Kasperle ist traurig  **221**

Kasperle ist heute traurig. Er klagt Ihrem Kind sein Leid. Die Großmutter hat vergessen, seinen Lieblingskuchen zu backen. Oder: Das Krokodil hat ihm sein Schnuffeltuch weggeschnappt. Oder: Seppl mag nicht mehr mit ihm spielen. Nun braucht Kasperle Ihr Kind als Ratgeber.

TIPP

Durch solche Spiele lernt ein Kind, sich in den Kummer eines anderen hineinzuversetzen und mit ihm gemeinsam nach einer guten Lösung zu suchen.

Keine Horrormeldungen  222

Halten Sie vor allem in den ersten Lebensjahren schlechte Nachrichten von Ihrem Kind fern. Es muss sich erst positiv festigen. Meldungen in der Tagesschau oder im Radio über schlimme Unfälle, Naturkatastrophen oder Verbrechen machen ihm Angst.

223 Die kleinen Schweiger

Manche Kinder sind mittags nach Kindergarten oder Schule nicht sehr redselig – auch wenn die Mama darauf brennt, alle Neuigkeiten zu erfahren. Am besten warten Sie ab, bis Ihr Kind von sich aus erzählt. Ideale Gelegenheiten zum Plaudern bieten sich beim Essen oder Zubettbringen. Nehmen Sie sich Zeit und erkundigen Sie sich nach Details, etwa: »Mit wem hast du heute in der Bauecke gespielt?« Oder: »Was hat die Lehrerin zu deinem tollen Bild gesagt?« Oder erzählen Sie zur Abwechslung doch mal etwas von Ihrem Tag!

Über den Tellerrand schauen 224

TIPP

Kinder, die mit Menschen aus anderen Kulturkreisen Kontakt haben, üben ganz nebenbei respektvollen Umgang und Toleranz ein.

Kinder brauchen den Blick über den Tellerrand hinaus. Halten Sie deshalb Kontakt zu Menschen, die anders leben als Sie selbst, zum Beispiel: die allein lebende Tante, die in ihrem Beruf Karriere macht, die befreundete Familie, die – im Gegensatz zu Ihnen – auf dem Land lebt, oder die türkischen Nachbarn.

Zeit für dich 225

Gehen Sie heute nach Dienstschluss einfach mal mit Ihrem Kind in den Park. Setzen Sie sich auf eine Bank, schlecken Sie zusammen ein Eis und plaudern Sie über Ihre Erlebnisse bei der Arbeit. Lassen Sie dabei auch Ihr Kind zu Wort kommen. Für Kinder ist es nicht so leicht zu begreifen, dass ihre Eltern eigenständige Menschen sind und sich mit vielem beschäftigen, das nichts mit ihnen zu tun hat. Solche Gespräche stärken das Zusammengehörigkeitsgefühl und wecken Verständnis füreinander.

Jemandem etwas Gutes tun

Beim Sonntagsfrühstück lassen wir noch einmal die vergangene Woche an uns vorüberziehen. Was war gut und was nicht? Wer in der Familie hatte es vielleicht besonders schwer? In stiller Übereinkunft wird ihm oder ihr heute besondere Wertschätzung entgegengebracht. Beispiel: Die ganze Familie begleitet Papa zum Fußballplatz und feuert seine Lieblingsmannschaft an.

226

Teilen mit Vergnügen

227

»Möchtest du mal probieren, Mama?« Bitte solche Angebote annehmen und von der Schokolade abbeißen oder sogar die Praline teilen – auch wenn's Ihnen schwer fällt. Ihr Kind lernt nämlich dabei: Genießen macht erst wirklich Spaß, wenn ein anderer sich mit daran erfreut.

Positives Verhalten loben

Ihr Kind hat gelernt, sich allein zu beschäftigen, wenn Sie arbeiten müssen? Zeigen Sie ihm Ihre Wertschätzung: »Nun bin ich früher mit meiner Arbeit fertig geworden. Und du hast in der Zwischenzeit ein tolles Bild gemalt. Wir hängen es gleich auf. Und dann gehen wir zum Spielplatz.« Das ermutigt Ihr Kind, sich auch in Zukunft an die Vereinbarung zu halten: »Wenn Mama arbeitet, braucht sie Ruhe.«

Mein Kind, das (un)bekannte Wesen

Sie können Ihrem Kind täglich Glücksmomente verschaffen, wenn Sie sich selbst folgende Fragen beantworten: Was macht meinem Kind am meisten Spaß? Was tun wir beide gern gemeinsam? Wofür interessiert es sich im Augenblick? Was gelingt ihm besonders gut? Mit welchen Menschen ist es gern zusammen?

Teddybär Superstar

Zeigen Sie Ihrem Kind, dass Sie seinen Teddybären mögen: »Dein Teddy ist sehr weich und kuschelig. Und er hat ein tolles braunes Fell. Er ist der schönste Bär der Welt.« Schön, wenn Sie noch Ihr eigenes Kuscheltier aus Kindertagen besitzen. Es kann dem Teddybären Ihres Kindes erzählen, was Sie beide alles gemeinsam erlebt haben.

> **TIPP**
>
> Dem Teddybären vertrauen Kinder manches an – und finden mit seiner Hilfe selbst die Lösung ihres Problems. Fragen Sie hin und wieder nach, zum Beispiel: »Was sagt denn der Teddybär zum Streit mit deiner Freundin?«

Rücksicht einüben

Schon Kleine können Regeln wie diese lernen: Ich darf nicht durch den Flur toben, wenn das Baby schläft oder die Mama Kopfweh hat. Wir müssen langsamer spazieren gehen, wenn ein kleines Kind dabei ist und nicht so schnell mitkommt. Ich teile die Schokolade, die ich bei einer Verlosung gewonnen habe, mit meinem Bruder. Leichter bleiben solche Regeln in Erinnerung, wenn sie mehrfach – und freundlich (oder zumindest sachlich!) – wiederholt werden.

Mehr als ein Lob

Zeigen Sie Interesse an den Dingen, mit denen Ihr Kind sich gerade beschäftigt. Beispiel: »Die Türme deiner Ritterburg haben tolle Zinnen. Von dort aus kann man sicher weit ins Land schauen. Auch der Wassergraben gefällt mir.« Über eine solche Anerkennung, die ins Detail geht, freut Ihr Kind sich mehr als über ein bloßes »Toll« oder »Super«.

 ## Keine Lust zum Spielen

Mit einem Vater, der einmal keine Kissenschlacht machen, sondern lieber Zeitung lesen möchte, können Kinder gut umgehen. Nicht so gut mit einem Papa, dem man seine Unlust am Spielen ansieht. Sagen Sie Ihrem Kind also, dass Sie im Augenblick zu müde sind, mit ihm zu spielen. Kinder durchschauen nämlich sehr bald, ob ihre Eltern nur mit halbem Herzen bei der Sache sind.

234 ## Kummerzwerg und Glücksfee

Ihr Kind hat Kummer? Da kann vielleicht die folgende Geschichte helfen: Ganz tief im Wald lebt der Kummerzwerg. Er hat ziemlich schwer zu schleppen. Denn in dem großen Sack, den er auf dem Rücken trägt, steckt kiloweise Kinderkummer: ein Kilo »Niemand will mit mir spielen!«, ein Kilo »Mein Spielzeug ist kaputt!« und noch manches Kilo mehr. Doch jeden Dienstag besucht die Glücksfee den Kummerzwerg und holt Kilo für Kilo Kinderkummer aus dem Sack, bis er ganz leer ist. Dann wirft sie den ganzen Kummer hoch in die Luft und berührt ihn mit ihrem Zauberstab. Und schon verwandelt er sich in schillernde Seifenblasen. Eine nach der anderen zerplatzt. Der Kummer wird immer kleiner, bis schließlich nichts mehr von ihm übrig geblieben ist. Was meinst du – ob sie schon dein Kilo Kummer in Seifenblasen verwandelt hat?

TIPP

Geschichten wie diese haben vor allem auf Kinder zwischen drei und sechs Jahren eine heilende Wirkung.

Ich verstehe dich ⭐235

Begleiten Sie möglichst viele Erlebnisse Ihres Kindes mit Gefühlsäußerungen, zum Beispiel: »Du siehst müde aus. Hat dich die lange Autofahrt angestrengt?« Oder: »Das Eis schmeckt dir. Das sehe ich dir an der Nasenspitze an.« Oder: »Ich kann verstehen, dass du traurig bist. Doch ich glaube, dass dein Freund morgen wieder mit dir spielt.« Kinder bekommen so Zugang zu ihrem eigenen Gefühlshaushalt und erfahren am eigenen Leib, wie wohltuend Empathie ist.

»Mir geht's nicht gut«

Machen Sie Ihr Kind sensibel für Ihre eigenen Gefühle und Empfindungen. Beispiel: »Ich habe Kopfweh. Aber du kannst mir helfen, dass es mir bald wieder besser geht. Ich möchte mich eine halbe Stunde aufs Sofa legen. Und es wäre schön, wenn du solange in deinem Zimmer weiterspielen würdest.« Oder: »Soll ich dir mal erzählen, warum ich heute so fröhlich bin?«

⭐237 Alles ist wieder gut

Nach einem Streit sind Versöhnungsrituale wichtig. Sie bewirken oft mehr als große Worte: Einer schiebt dem anderen einen Zettel unter die Zimmertür. Vorher hat er darauf zwei lachende Gesichter gemalt. Oder: Bei der nächsten Mahlzeit legt der eine auf den Teller des anderen ein rotes Papierherz, darauf steht: »Alles ist wieder gut!«

238 Kummerfresser

Stellen Sie in der Nähe des Abendbrottisches einen »Kummerkasten« auf: eine Schachtel, auf deren Deckel Sie ein lustiges Monstergesicht malen – mit einem Schlitz als Maul. Jeder schreibt oder malt auf einen Zettel, was ihn heute besonders geärgert oder bedrückt hat. Dann füttert jeder das Monster mit seinem Zettel. Es frisst den Ärger über Nacht auf, und dann ist er ein für allemal verschwunden.

Mit dem Teddy baden 239

TIPP

So wie das Waschen des Teddys klappt auch Aufräumen am besten spielerisch: Die Kisten verwandeln sich in Zootiere. Ihr Kind ist der Tierpfleger und muss die Tiere am Abend füttern. Der rote Tigerkarton mag nur Autos, der gelbe Elefantenkarton nur Bauklötze usw.

Heute ist Badetag für Ihr Kind und seinen Teddybären – vorausgesetzt natürlich, er ist waschbar. Ihrem Kind macht das Planschen mit seinem Kuscheltier Spaß, und der Teddybär wird nebenbei sauber. Anschließend wird er mit einem Handtuch abgerubbelt und bis zum Schlafengehen auf die Heizung gesetzt.

Hüpfkästchen erfinden

240

Eine Sommeridee für die ganze Familie: Malen Sie mit bunter Kreide ein Hüpfkästchen auf den Gehweg und laden sie die Nachbarsfamilie ein. Und dann hüpfen alle, bis es dunkel wird.

TIPP

Kontakte zur Nachbarschaft und zu Freunden helfen Kindern, ihren Horizont zu erweitern: Wie geht es woanders zu? Welche besonderen Eigenschaften haben die anderen? So wachsen Toleranz und die Fähigkeit zu reflektieren.

Helfen mit Spaß  241

Ein lustiges Spiel beim Tischdecken oder -abräumen: Es wird abwechselnd gewürfelt. Jeder stellt so viele Sachen auf den Tisch bzw. räumt sie ab, wie sein Würfel Augen zählt. Das Spiel ist zu Ende, wenn der Tisch gedeckt oder abgeräumt ist.

 242

Schokoladen-Birnen

Eine leckere Überraschung zu Beginn des Wochenendes! Vielleicht kommen ja noch die Nachbarskinder zum Schmausen?

Für sechs Leckermäuler brauchen Sie: drei große Birnen, zwei Tassen Wasser, zwei Esslöffel Zucker, einen Esslöffel Zitronensaft, ein Päckchen Schokoladen-Puddingpulver, Milch

So werden die Schokoladen-Birnen zubereitet: Die Birnen waschen, schälen, längs halbieren und die Kerngehäuse entfernen. Gießen Sie den Zitronensaft ins Wasser und geben Sie den Zucker dazu. Die Birnen werden darin auf Stufe eins etwa sieben Minuten weich gekocht. Bereiten Sie in der Zwischenzeit einen warmen Schokoladenpudding zu. Geben Sie dann jede Birne in eine Dessertschale und übergießen Sie die Frucht mit dem noch weichen Pudding. Die Birnenhälften sollten ganz damit bedeckt werden. Nach dem Festwerden des Puddings können die Schokoladen-Birnen gegessen werden.

9. Wunsch der Glücksfee

Kommunikations-fähigkeit

Sprache ist der Schlüssel für ein friedliches Zusammenleben, für das Knüpfen von Kontakten, das Schließen von Freundschaften, für Glück und nicht selten auch für Erfolg. Kinder, die in der Lage sind, andere anzusprechen, Sachverhalte zu erklären, sich an Diskussionen zu beteiligen und ihre Anliegen klar auf den Punkt zu bringen, kommen leichter durchs Leben.

Gespräche am Familientisch

Klar und verständlich formulieren, höflich miteinander umgehen, den anderen ausreden und auch seine Argumente gelten lassen, jemandem aktiv, das heißt durch Gegenfragen, richtig zuhören: Diese Kommunikationsregeln können schon kleine Kinder erlernen. Und zwar umso leichter, je intensiver und liebevoller in der Familie miteinander gesprochen wird. Denn die beste Garantie für eine gute Kommunikationsfähigkeit ist Lust am Reden. Kinder sollen Sprache von klein auf als etwas Spannendes und Bereicherndes erleben. Lustige Wortspielereien, Rätsel und Scherzfragen, Rollenspiele und Unterhaltungen beim Spazierengehen oder am Familientisch tragen dazu bei.

Warum Kinder die Ohren auf Durchzug stellen

Doch nicht nur Sprechen gehört zu einer gelungenen Kommunikation. Untersuchungen haben ergeben, dass 55 Prozent der Kommunikation über Körpersprache, Mimik und Gestik ablaufen und 38 Prozent über den Stimmklang und die Art des Sprechens. Am wenigsten wird Kindern über den reinen Wortinhalt vermittelt. Wenn wir uns wundern, warum Kinder ständig die Ohren auf Durchzug stellen, können wir uns diese Tatsache vor Augen führen. Ein Vater, der im Vorbeigehen irgendwas von Aufräumen murmelt, wird von seinem Kind nicht wahrgenommen.

Erwachsene, bei denen Sprache, Mimik, Gestik und Blickkontakt einen guten Mix bilden, sind nachahmenswerte Vorbilder für Kinder. Sie werden dann nämlich fremde Kinder im Sandkasten direkt ansprechen, sich zu ihnen hinhocken und fragen, was sie da bauen. Und garantiert gehören sie bereits Sekunden später zu den eifrigen Sandkuchenbäckern. Ein Kind, das am Sandkastenrand vorbeischlendert, seinen Blick senkt und etwas von »Darf ich mitspielen?« murmelt, wird von den eifrigen Bäckern häufig gar nicht erst wahrgenommen.

> Kinder brauchen Zuwendung und Blickkontakt, wenn sie etwas verstehen sollen.

Manche Kinder brauchen mehr Zeit

Neben der Familie ist der Kindergarten ein guter Ort zum Einüben erster Spielregeln der Kommunikation. Kinder lernen dort mit der Zeit Situationen immer besser einzuschätzen: Wer spielt gerade was und mit wem? Wo könnte ich mich anschließen oder besser nicht? Eine gute Kommunikation macht aber aus einem schüchternen Kind keinen Draufgänger. Es gibt Mädchen und Jungen, die zuerst in Ruhe die Lage peilen und sich erst dann entscheiden, wen sie ansprechen. Dieses Recht sollte man ihnen zugestehen und sie nicht drängen.

Reden ist Gold 243

Ohne Reden ist noch kein Meister der Kommunikation vom Himmel gefallen. Kinder brauchen deshalb Eltern und andere Erwachsene, die mit ihnen erzählen, reimen, albern sind und lachen. Jede noch so interessante Kindersendung im Fernsehen kann das nicht leisten. Eine Studie der Universität in Chicago zeigte, dass Kleinkinder, mit denen viel gesprochen wurde, im Alter von 20 Monaten 131 Wörter mehr in ihrem Wortschatz hatten als Kinder einsilbiger Mütter und Väter. Bereits vier Monate später hatte sich die Kluft zwischen diesen beiden Gruppen auf 295 Wörter ausgedehnt. Reden ist deshalb auch schon für Eltern von Kleinkindern Gold.

Gemeinsam Zeitung lesen

244

Erzählen Sie den Kindern jeden Tag etwas von dem, was in der Zeitung steht, und zwar mit einfachen Worten, die auch schon vom Jüngsten in der Familie verstanden werden. Dann reden Sie über das entsprechende Ereignis. Kleinen Kindern fehlen oft die Worte, wenn sie ihre Meinung sagen möchten. Doch sie lernen durch das Vorbild der Großen von Tag zu Tag mehr hinzu.

TIPP

Bitte achten Sie darauf, dass beim Sprechen über den Zeitungsartikel auch wirklich jeder zu Wort kommt.

245 Kinder einbeziehen

Gehen Sie mit gutem Beispiel voran und zeigen Sie sich anderen Menschen gegenüber offen. Sprechen Sie, wenn Sie mit Ihrem Kind unterwegs sind, Bekannte an oder auch die Sitznachbarin im Bus oder den alten Herrn in der langen Schlange hinter Ihnen. Beziehen Sie Ihren Sohn oder Ihre Tochter ins Gespräch ein, damit er oder sie mitbekommt, dass Kommunikation das Leben ein Stück liebenswerter macht.

Königsschloss   246

Darauf fahren kleine Freunde ab: Lassen Sie die beiden unter einem großen Tisch ein Königsschloss bauen. Die »Majestäten« brauchen dafür Kissen, Tüll und Goldfolie. Die Zinnen und Türme bestehen aus Kartons und Schachteln, die mit Goldfolie beklebt werden. Nach Abschluss der Bauarbeiten bekommen die Königskinder Kronen aus goldener Wellpappe und als Belohnung einen Teller mit Knabberzeug, den die beiden in ihrem Königsschloss verputzen dürfen. Wie spricht man bei Königs? Vornehm? Gewählt? Und wie hört sich das an? Bei solchen Rollenspielen schärfen Kinder ihre Wahrnehmung für die unterschiedlichen Sprachstile, die einer bestimmten Umgebung angemessen sind.

Der Ton macht die Musik

Wenn Sie mit Ihrem Kind reden, kommt es nicht nur auf Ihre Worte an. Genauso wichtig sind Tonfall und Körpersprache. Ein Lächeln und eine strenge Stimme passen nicht zusammen, ebenso wenig ein Kuss und ein gelangweilter Gesichtsausdruck.

Lass mich ausreden!  248

Unterbrechen Sie Ihr Kind nicht, wenn es etwas erzählt. Wenden Sie sich auch nicht zwischendurch anderen Dingen zu (und sollte es einmal wirklich nicht anders gehen, kommentieren Sie es freundlich). Wenn Sie Ihr Kind ausreden lassen und ihm interessiert zuhören, spürt es Ihre Wertschätzung und Sie erhöhen die Wahrscheinlichkeit, dass Ihr Kind sich ähnlich zu verhalten lernt.

249 Stopp-Schilder sammeln

TIPP

Dieses Spiel schult die Aufmerksamkeit und Konzentration – wichtige Bausteine für Lesen und Schreiben.

Immer wenn Ihr Kind unterwegs ein Stopp-Schild sieht, bekommt es einen Knopf. Nach fünf Schildern darf es seine Knöpfe gegen ein Gummibärchen eintauschen. Ein anderes Mal soll Ihr Kind unterwegs nach Kinderwagen, Hunden oder einer bestimmten Blume Ausschau halten.

Fantasiegeschichten 250

Ihr Kind malt auf ein großes Blatt Papier einen Wald. Schneiden Sie gemeinsam aus alten Zeitschriften Bilder aus, die zwischen die Bäume geklebt werden. Und nun erfinden Sie beide zu den Bildern eine Geschichte, etwa: »In einem Wald hatte sich einmal ein Hund verirrt. Er suchte sein Herrchen, konnte es aber nirgends entdecken. Einmal fuhr ein gelbes Auto durch den Wald. Der Hund hielt es an und fragte den Autofahrer, ob dieser nicht sein Herrchen gesehen hätte. Der Fahrer schüttelte den Kopf. Auch der Elefant, der durch den Wald stampfte, hatte keine Ahnung, wo das Herrchen sein könnte. Schließlich kam mit lautem Gehupe ein Taxi angefahren. Und wer stieg aus? Das Herrchen vom Hund! Wie freuten die beiden sich, als sie sich endlich wiedergefunden hatten!«

 **251** Mit Papa kochen

Heute gehört die Küche Papa und den Kindern. Sie denken sich etwas Besonderes fürs warme Essen aus, kaufen zusammen ein und bereiten alles zu. Die Mama hat Küchenverbot und muss sich überraschen lassen.

Kein Topf ohne Deckel  **252**

Ein lustiges Wörterspiel. Einer beginnt zum Beispiel mit: Kein Topf ohne Deckel. Der Nächste fährt fort: Kein Pinsel ohne Farbe. Oder: Keine Bürste ohne Borsten. Oder: Kein Auto ohne Räder usw. Schluss ist erst, wenn niemandem mehr etwas einfällt.

> **TIPP**
>
> Ein weiteres Wörterspiel: Unterschiede suchen. Kurz ist nicht lang. Klein ist nicht groß. Dick ist nicht dünn. Traurig ist nicht fröhlich usw.

Wollen wir tauschen?

 **253** Was Sie zu Hause einüben, klappt später auf dem Spielplatz umso reibungsloser, etwa Tauschen und Teilen: »Mmmh! Diesen Kuchen mag ich am liebsten. Wenn du mir die Hälfte abgibst, bekommst du die Hälfte meines Kuchenstücks.«

254 Erste Kontakte

Oft ist es für einen Neuling schwer, sich auf dem Spielplatz anderen Kindern anzuschließen. Sie dürfen nicht erwarten, dass andere automatisch nett zu Ihrem Kind sind. Setzen Sie sich deshalb eine Weile mit an den Sandkasten. Ein Lob für die schöne Burg oder die tollen Sandtorten hilft, das Eis zu brechen und Ihr Kind ins Spiel der anderen zu integrieren.

Gemeinsam malen  255

TIPP

Kinder malen auch gern abstrakt. Da kann das Zweier-Team seiner Fantasie freien Lauf lassen und versuchen, sich jeweils in die Idee des anderen einzufühlen.

Sich aufeinander einzustellen, können Kleine und Große gut beim gemeinsamen Malen trainieren: Einer von beiden malt ein oder zwei Dinge auf ein Blatt Papier. Der Zweite fügt zwei weitere Dinge hinzu und überlässt seinem Partner den nächsten Malschritt. So geht es abwechselnd weiter, bis das Bild fertig ist.

Schal umtauschen

256 Packen Sie einen blauen Stoffstreifen in etwas Papier ein, und erzählen Sie Ihrem Kind: »Der Teddybär hat einen Schal in seiner Lieblingsfarbe Rot gekauft. Wollen wir ihn auspacken?« Aber was nun? Die Verkäuferin hat einen blauen Schal eingepackt. Was soll der Teddybär tun? Sie spielen die Verkäuferin, Ihr Kind den Bären. Es sagt der Verkäuferin, dass es den blauen Schal zurückbringt und ihn umtauschen möchte.

257 Brieffreundschaft

Auch Kinder, die noch nicht
schreiben können, tauschen
gern Geheimbotschaften aus.
Eine Idee für zwei Kindergartenkinder: Die beiden stecken
sich abwechselnd gemalte Bilder in
den Briefkasten. Jeder malt, was er morgen gern mit dem anderen spielen möchte.

Schauspielern 258

Tragen Sie mehrmals einen Wunsch vor und
verändern Sie dabei Ihre Körperhaltung
und Ihren Gesichtsausdruck: verlegen,
ängstlich, wütend, aggressiv, weinerlich
und dann klar und unmissverständlich,
aber freundlich. Ihr Kind soll beschreiben,
wie es die einzelnen Situationen empfun-
den hat. Dann ist Ihr Kind der Schauspieler.

> **TIPP**
>
> Wünsche sollte Ihr Kind immer
> als Ich-Botschaft verpacken: »Ich
> möchte...« Diese Botschaft sollte
> zusätzlich durch eine aufrechte
> Körperhaltung, Blickkontakt und
> einen selbstbewussten, freund-
> lichen Gesichtsausdruck unter-
> stützt werden.

Der richtige Ton  259

Schon Kinder können sich gute Umgangsformen aneignen. Eine höflich vorgetragene
Bitte öffnet Türen, aggressive Aufforderun-
gen jedoch erzeugen schnell eine negative
Gegenreaktion. Hier gilt das alte Sprich-
wort: Wie man in den Wald hineinruft, so
schallt es auch wieder heraus.

TIPP

Ein Essen, bei dem
Schüsseln herumgereicht
werden und der eine
dem anderen auch mal
etwas auflegt, ist ein
gutes Übungsfeld für
höfliches Miteinander.

Fingergesichter

 260

Malen Sie mit einem Filzstift ein einfaches Gesicht auf
Ihren Zeigefinger und den des Kindes. Worüber könnten
sich Herr Plitz und Frau Plotz unterhalten? Je nach Laune
wird eine geheimnisvolle, abenteuerliche oder über-
drehte Geschichte daraus. Auch wenn Kinder Sorgen
drückt, ist es manchmal einfacher, sie jemandem anzu-
vertrauen, wenn man dabei in eine andere Rolle schlüpft.

Gemeinsam essen  261

Planen Sie genug Zeit fürs Abendbrot ein:
Das ist oft die einzige Mahlzeit am Tag, bei
der alle Familienmitglieder zusammen
sind. Gemeinsames Essen und miteinander Reden verbindet. Kinder und Eltern
brauchen solche regelmäßigen Fixpunkte.
Sie bilden das Fundament glücklicher
Familienbeziehungen.

Spontane Einladung 262

Laden Sie an einem verregneten Sonntag die beste Freundin oder den besten Freund Ihres Kindes und die Eltern mal spontan zu einem Spielenachmittag ein.

TIPP

Kleine Freunde genießen es, wenn sich auch die Eltern gut verstehen. Unternehmen Sie deshalb hin und wieder etwas mit der anderen Familie.

Kleiner Stadtführer 263

Heute darf Ihr Kind in die Rolle eines Stadtführers schlüpfen und für Mama und Papa und einige Nachbarskinder eine Führung durchs Viertel vorbereiten. Vielleicht wünschen Sie sich ein Thema, etwa: die Spielplätze der Umgebung oder besonders schöne Gärten oder große Bäume usw.

Überzeugungskunst

 264

Ein Spiel, das Ihrem Kind hilft, bei Verhandlungen mit Gleichaltrigen geschickter zu werden: Vor Ihnen liegt eine Sache, die Ihr Kind gern hätte, zum Beispiel eines seiner Sammelbilder. Es versucht nun alles, damit Sie ihm das Bild überlassen. Verboten sind Wegnehmen und Schimpfen, gefragt ist vielmehr Verhandlungsgeschick.

Dankeschön! ⭐265

Mit einem überraschenden Dankeschön können wir anderen Menschen den Tag versüßen – und die Freude wirkt auf uns selbst zurück. Ein Anruf bei der Mutter des Spielkameraden: »Ich wollte mich noch einmal für den schönen Nachmittag bei euch bedanken, wir hatten gestern so viel Spaß am gemeinsamen Spielen.« Eine Kusshand für Ihren Partner: »Danke, dass du den Müll rausgebracht hast. Es ist für mich eine große Unterstützung, wenn du mit anfasst.« Ein Lächeln für die freundliche Verkäuferin am Obststand: »Wir kommen gerne zu Ihnen zum Einkaufen, Ihre gute Laune steckt an!«

⭐266 Drei-Sterne-Kunde

Beobachten Sie mit Ihrem Kind beim Einkaufen Menschen: Wer schenkt der freundlichen Verkäuferin ein Lächeln? Wer geht grußlos an ihr vorbei? Wer schimpft mit seinem Kind, und wer gibt ihm geduldig Antworten auf seine Fragen? Wer drängelt sich vor? Wer beschwert sich bei der Kassiererin über die lange Warteschlange an der Kasse? Anschließend vergeben Sie gemeinsam drei Sterne für den höflichsten Kunden.

267 Blöde Kühe auf dem Spielplatz?

Kinder bringen fast täglich ein neues Schimpfwort aus Kindergarten oder Schule mit heim. Wenn Ihr Kind Sie als »blöde Kuh« beschimpft, reagieren Sie mit Humor und lenken Sie es ab: »Wenn ich eine blöde Kuh bin, kann ich nicht mit dir zum Spielplatz gehen. Denn Kühe passen auf keine Schaukel und auf kein Klettergerüst. Und alle Kinder würden weglaufen, denn sie mögen keine Kühe auf dem Spielplatz haben.«

> **TIPP**
>
> Schnell gibt ein böses Wort ein anderes. Zeigen Sie Ihrem Kind, dass man mit Humor und Schlagfertigkeit Streitigkeiten vermeiden kann.

Was wird aus der Katze? 268

Inszenieren Sie am Familientisch ein Problem. Beispiel: Der Familie ist ein Kätzchen zugelaufen. Ein Kind findet es süß und würde es am liebsten behalten. Das andere fürchtet, dass die Katze Jagd auf den Wellensittich macht. Die Mutter möchte in der Nachbarschaft Zettel mit einer Beschreibung des Kätzchens verteilen. Der Vater will es heute noch zum Tierheim bringen. Aufgabe: Jeder vertritt seinen Standpunkt, hört aber auch die Argumente der anderen an. Gemeinsam wird nach einer Lösung gesucht.

Wer hat alles mitgeholfen?

Überlegen Sie beim Essen gemeinsam: Wer hat alles dazu beigetragen, dass der Teller Spaghetti jetzt auf dem Tisch steht? Natürlich die Köchin. Aber auch die Person, die eingekauft hat. Und die Verkäuferin. Und der Lastwagenfahrer, der die Spaghetti in den Supermarkt gebracht hat. Aber auch der Bauer, der den Weizen und die Tomaten angepflanzt hat. Dann noch die Sonne, die die Tomaten zum Reifen gebracht hat. Wem fällt noch mehr ein? Ein schönes Spiel, um sich darüber klarzuwerden, wie viele Menschen dazu beitragen, dass es uns gut geht.

269

270 Mein bester Freund

Wenn Kinder Ärger mit der besten Freundin oder dem besten Freund haben, schimpfen sie oft: »Mit dir spiele ich nie mehr!« oder »Dich lade ich nicht zu meinem Geburtstag ein!« Oft ist bereits einen Tag später wieder alles in Ordnung. So können Sie Ihr Kind versöhnlicher stimmen: »Überleg mal: Worüber habt ihr beiden einmal so gelacht, dass ihr gar nicht mehr aufhören konntet?« Oder: »Wann hat dein Freund zu dir gehalten, obwohl alle anderen auf dich geschimpft haben?«

Wer bin ich?  271

Ein Familienmitglied denkt sich eine Rolle aus und stellt sie pantomimisch dar. Beispiele: eine Seilakrobatin, die Mühe hat, das Gleichgewicht zu halten; eine Politesse, die einen Strafzettel ausstellt; eine Kassiererin an der Supermarktkasse usw. Die anderen sollen raten, was dargestellt wird.

Die kleine Maus

Geschichten aus dem Alltag Ihres Kindes helfen ihm, Konflikte mit Gleichaltrigen besser zu bewältigen. Erzählen Sie von der kleinen Maus, die andere immer beim Spielen herumkommandiert und mit der deshalb keine andere Maus mehr spielen möchte. Die Geschichte endet damit, wie sich die kleine Maus über die lustigen Spielideen des Freundes freut und ihm die Regie beim Spielen überlässt.

Pizza-Brötchen

Die schmecken zum Abendbrot!

Für acht Stück brauchen Sie:
8 Brötchen
200 g Salami
200 g gekochter Schinken
1 grüne Paprika
100 g Champignons
1 EL Pizzagewürz
200 g geriebener Gouda-Käse
2 Becher Sahne

So wird's gemacht: Die Brötchen in Hälften schneiden und aushöhlen. Paprika und Champignons waschen. Salami, Schinken und Paprika in Würfel und die Champignons in Scheiben schneiden. Alles mit Pizzagewürz, Käse und Sahne vermengen und die Brötchenhälften damit füllen. Die Pizzabrötchen im vorgeheizten Ofen bei 150 Grad etwa 15 bis 20 Minuten backen.

Ruhe und Entspannung

Die Lebenswelt unserer Kinder hat sich verändert.
Zu viel Lärm im Kindergarten und in der Schule,
übertriebener Medienkonsum und pausenlose Aktivitäten
bereiten ihnen Stress. Reizüberflutung, Erschöpfung und
Konzentrationsmangel kennen heute schon die Kleinsten.
Kinder brauchen deshalb einen gesunden Ausgleich
zwischen Bewegung, die zur Ruhe führt, und Stille,
die neue Kreativität weckt.

Zu viel Lärm macht nervös

Kinder werden Tag für Tag vor allem von akustischen und optischen Reizen überflutet. Schon beim Frühstück vermischt sich die Stimme des Nachrichtensprechers aus dem Radio mit dem Telefongespräch der Mutter. Im Auto plarrt das Radio. Hinzu kommen quietschende Bremsen, Hupen und das Geräusch aufheulender Motoren an der Ampelkreuzung. Lärm auch in der Schulklasse und auf dem Schulhof. Kein Wunder, dass sich viele Kinder nicht mehr aufs Rechnen oder Lesen konzentrieren können. Auch die immer schnelllebigere Zeit schadet der Entwicklung der Kinder. Denn sie brauchen Ruhe und Zeit, damit sie die vielen Eindrücke und Erlebnisse verarbeiten können. Kinder haben noch die Muße, der Spinne beim Arbeiten an ihrem Netz zuzuschauen und mit Hingabe Sand durch die Finger rieseln zu lassen – immer und immer wieder. Aber wo und wann können sie das heute noch?

Ein fester Tagesrhythmus

So können Eltern für mehr Ruhe im Familienalltag sorgen: Wichtig ist vor allem ein stabiler Tagesrhythmus mit möglichst verlässlichen Strukturen. Dazu gehören feste Zeiten fürs Essen, Spielen und Schlafen. Kinder brauchen darüber hinaus viel Bewegung im Freien. Einige Tipps: Legen Sie regelmäßige Wege, etwa zum Kindergarten oder zum Einkaufen, mit Ihrem Kind zu Fuß zurück. Setzen Sie Ihre Familie auf Medien-Diät: Fernseher und Computer tragen maßgeblich zur Reizüberflutung bei. Gehen Sie ebenso kritisch mit Spielzeug um. Kinder brauchen keine digitalen Welten, sondern Materialien, die ihre Sinne anregen, die sie hören und sehen, anfassen, riechen und schmecken können. Damit werden sie weit besser und ganzheitlicher »gefördert« als mit dem neuesten High-Tech-Lernspiel.

Langeweile aushalten

Aber Vorsicht: Eltern sind keine Kinderclub-Animateure und nicht verpflichtet, ihrem Kind ein perfekt ausgeklügeltes Spiel- und Entdeckungsprogramm anzubieten. Im Gegenteil: Kinder müssen lernen, auch mal »lange Weilen« auszuhalten. Sie möchten in Ruhe eigene Erfahrungen machen und brauchen Gelegenheiten, sich ihren Eltern zu entziehen. Erinnern Sie sich einmal daran, wie oft Sie in Ihrer eigenen Kindheit abseits der wachenden Blicke von Erwachsenen spielen konnten. Heutigen Kindern stehen solche Frei-Räume immer weniger zur Verfügung.

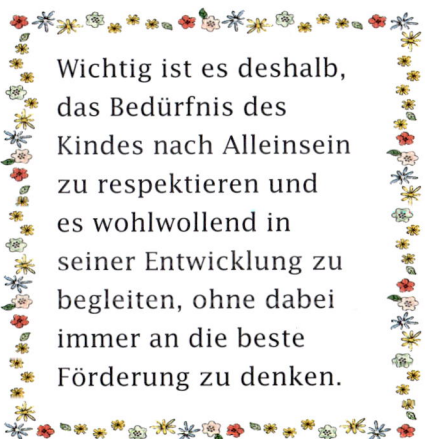

Wichtig ist es deshalb, das Bedürfnis des Kindes nach Alleinsein zu respektieren und es wohlwollend in seiner Entwicklung zu begleiten, ohne dabei immer an die beste Förderung zu denken.

Training fürs seelische Gleichgewicht

Regelmäßige Stilleübungen helfen Ihrem Kind, den Augenblick wieder bewusst zu genießen. Es lernt, Ruhe als etwas Heilsames und Wohltuendes zu empfinden. Und es wird diese Momente bald nicht mehr missen wollen. Bei gemeinsamen Stilleübungen kommen Sie beide sich näher und finden Ihr seelisches Gleichgewicht wieder. Ihr Kind wird sich mit der Zeit immer besser selber helfen können, wenn es sich angespannt fühlt, etwa bei einer Klassenarbeit. Auch das Bewusstsein für die eigenen Gefühle und Empfindungen wird durch die ruhigen Übungen gestärkt. Und das macht Ihr Kind auf Dauer unabhängiger von der Meinung anderer.

 **Sprechzeichnen**

Immer wieder den gleichen Vers sprechen und dabei in einem Zug zeichnen: Dafür braucht Ihr Kind Bewegungsfreiheit. Auch eine bequeme Haltung ist wichtig, damit der Atem im Rhythmus des Sprechens fließen kann*: Im-mer glück-lich, im-mer froh wie die Maus im Ha-ber-stroh* (eine Zickzacklinie malen). *Schni-Schna-Schne-cken-haus* (von der Mitte aus eine Spirale malen).

TIPP

Durch die Verbindung von Sprechen und Bewegen und das ständige Wiederholen werden selbst zappelige Kinder ruhig.

Tee-Zeremonie

Zelebrieren Sie mit Ihrer Familie eine gemeinsame Teestunde. Das ist besonders heimelig, wenn es draußen regnet und stürmt. Stellen Sie kleine Schalen mit Kandiszucker dazu, etwas Zitronensaft und Honig. Da kann jeder experimentieren und dabei seinen Lieblingsgeschmack herausfinden. Genießen Sie das Zusammensein, ohne dass etwas Besonderes geschehen muss.

Sanfte Massage ✦ 276

Auf einer Decke liegen verschiedene Gegenstände zum Massieren, zum Beispiel ein Pinsel, eine Feder, ein Igelball, eine Orange. Ihr Kind legt sich auf den Bauch und schließt die Augen. Sie massieren seinen Rücken mit den unterschiedlichen Dingen. Es soll sich auf sein Hautgefühl konzentrieren und den jeweiligen Gegenstand erraten.

Kissenträger

✦ 277

Etwas auf dem Kopf zu tragen, ist nicht einfach, aber übt Geduld und Balance und führt zur Ruhe. Aufgabe: Sie und Ihr Kind wandern mit einem Kissen auf dem Kopf durch die ganze Wohnung – auch treppauf und treppab. Die Hände dürfen nicht zu Hilfe genommen werden. Wer es dann noch schafft, sich auf den Boden zu setzen, ohne das Kissen zu verlieren, ist ein wahrer Balance-Künstler.

Mein Lieblingsbaum ✦ 278

TIPP

Erzählen Sie Ihrem Kind kleine Geschichten über Elfen und Zwerge. Das beflügelt die Fantasie und macht ihm die Natur lebendiger.

Suchen Sie mit Ihrem Kind ein Plätzchen im Freien, zu dem Sie beide regelmäßig gehen. Viel Ruhe und Kraft geht von Bäumen aus. Sie waren für Menschen immer schon etwas Besonderes. Im Glauben mancher Naturvölker werden sie von guten und bösen Geistern bewohnt. Auch im Märchen spielen sie oft eine Rolle: Elfen und Zwerge haben dort ihr Zuhause.

279 Wolkenkino

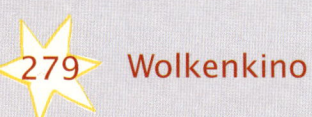

Legen Sie sich mit Ihrem Kind an einem sonnigen Tag auf die Wiese und schauen Sie den vorbeiziehenden Wolken nach. »Schau mal, die dicke Wolke sieht aus wie ein Pferd!« Die nächste ähnelt einem Flugzeug, die übernächste einem Auto. Was mögen die Fahrzeuge und Tiere wohl oben am Himmel machen?

Gleichgewicht halten 280

Die folgende Übung schult den Gleichgewichtssinn: Sie und Ihr Kind sind große Bäume. Zuerst ist das rechte Bein der Stamm. Das andere Bein wird angewinkelt. Nun breiten Sie Ihre Äste und Zweige – die Arme – aus. Plötzlich kommt Wind auf. Die Äste bewegen sich hin und her – nach rechts und links, vor und zurück. Dann wird das andere Bein zum Baumstamm. Fixieren Sie mit den Augen einen Punkt an der Wand oder auf dem Fußboden, das hilft bei der Balance. Mit etwas Übung geht es immer besser.

Räkeln und rollen

281 Eine Entspannungsübung, die Kindern und Eltern gut tut: Legen Sie sich gemeinsam mit weitem Abstand auf den Fußboden und strecken Sie alle Viere von sich. Dann dehnen und räkeln Sie sich, rollen von einer Seite auf die andere, umfassen mit den Händen die Knie und schaukeln sanft auf und ab. Dabei den Rücken möglichst rund machen.

Sterne suchen  282

Schneiden Sie aus Leuchtkarton viele
Sterne aus und verstecken Sie diese im
Garten. Auf einen Stern malen Sie vorher ein lachendes Gesicht. Bei Dunkel-
heit gehen die Kinder mit Taschenlampen hinaus auf Sternensuche. Wer den
lachenden Stern findet, darf sich eine
Vorlesegeschichte wünschen.

Uhrpendel

Sie und Ihr Kind sitzen mit angezogenen Beinen
Rücken an Rücken und bewegen sich wie ein
Uhrpendel gemeinsam vor und zurück. Die
Kunst besteht darin, die Balance zwischen
Druck und Gegendruck zu halten. Solche Übun-
gen stärken die Körperwahrnehmung.

283

TIPP

Eine andere Idee: Sie
beide ziehen Schuhe
und Strümpfe aus und
legen sich auf dem
Rücken gegenüber.
Ihre Fußsohlen berühren
die Ihres Kindes, und
dann wird gemeinsam
»Fahrrad« gefahren.

Atempausen

284 Wenn Ihr Kind zappelig ist, verhilft eine Atemübung zur Ruhe. Setzen Sie sich beide hin, schließen Sie die Augen und atmen Sie langsam etwa zwanzig Mal tief ein und aus. Erklären Sie Ihrem Kind vorher, dass es den Atem nicht beeinflussen, sondern ihn ein- und ausfließen lassen soll – so, dass es sich dabei wohl fühlt. Kann es spüren, wie der Atem sanft und kühl den Rachen hinunterstreichelt?

Die Zauberkugel  285

Das bringt am Abend Ruhe: Stellen Sie den Küchenwecker auf drei Minuten. Alle Familienmitglieder schließen die Augen und halten die Hände auf dem Rücken. Nun lassen Sie eine besonders schöne, dicke Glasmurmel von Hand zu Hand wandern. Beim Klingeln des Weckers verwandelt sich die Murmel in eine Zauberkugel. Wer sie in der Hand hält, darf jemandem etwas Gutes wünschen.

Zeitpuffer einbauen

286 Zeitpuffer beim Essen oder Einkaufen entlasten und sorgen für Entspannung. Sie werden vieles entdecken, was Sie vorher nicht wahrgenommen haben. Beobachten Sie zum Beispiel mit Ihrem Kind ganz in Ruhe, wie der Regen die Wasserpfütze auf dem Gehweg immer größer macht. Oder improvisieren Sie nach dem Essen ein lustiges Tischkantentheater mit Frau Gabel und Herrn Löffel.

Guten Morgen!  287

Begrüßen Sie gemeinsam mit den Kindern den neuen Tag und die neue Woche. Gehen Sie in den Garten oder vors Haus – auch bei Regen. Schnuppern Sie die frische Morgenluft, halten Sie einige Minuten inne und schweigen Sie. Solche Ruheübungen geben Energie für den ganzen Tag.

 288 Zeit für Gespräche

Nehmen Sie sich abends – vor allem, wenn Sie tagsüber sehr beschäftigt waren –, ganz bewusst Zeit für ein intensives Gespräch mit Ihrem Kind. Was hat es gespielt? Wer ist ihm heute begegnet? Was hat ihm besonders gut gefallen? All das kann es Ihnen erzählen, und Sie hören aufmerksam zu.

TIPP

Vielleicht machen Sie dabei einen kurzen Spaziergang – Hand in Hand. Das schafft Verbundenheit.

Klammerkette

289 Das bringt unruhige Zappelgeister zur Ruhe: Jedem Kind werden die Augen verbunden. Es soll aus zehn Büroklammern eine Kette bilden. Wer ist als Erster fertig?

290 Schokoladenmilch

Eine süße Überraschung für vier
Leckermäuler: Sie brauchen eine
Tafel Vollmilchschokolade und ei-
nen Liter Milch. Nehmen Sie von
der Milch vier Esslöffel ab und er-
wärmen Sie sie in einem Topf.
Dann die Schokolade hineinbrö-
ckeln und schmelzen lassen. Gießen
Sie die geschmolzene Schokolade un-
ter ständigem Rühren in die gekühlte
Milch und füllen Sie die Schokoladenmilch in vier Gläser. Die
Schokoladenmilch dann ganz in Ruhe genießen: die ersten paar
Minuten sogar in Stille. So kann man sich den köstlichen Genuss
im wahrsten Sinne des Wortes auf der Zunge zergehen lassen.

Spiegellichter  **291**

Ein besonders schönes Abendritual, das zur
Stille führt: Legen Sie im Garten oder im
Wohnzimmer einen großen Spiegel auf den
Boden. Bilden Sie aus vielen Teelichtern eine
Spirale auf dem Spiegel. Die Zwischenräume
schmücken Sie mit Steinen. Sie können Sie
vorher in Glitzerpapier oder Silberfolie verpacken. Wenn Sie die Teelichter im Dunkeln anzünden, spiegeln sich die vielen Lichter.

Schmetterlinge

292

Sie und Ihr Kind sitzen sich gegenüber. Ihre Puste ist ein duftiger Schmetterling, der das Gesicht des Kindes streift – von der Stirn über die Nase bis zum Kinn. Ihr Kind schließt dabei die Augen und konzentriert sich auf den Atemwind.

> **TIPP**
>
> Eine andere Idee: Sie sitzen sich am Tisch gegenüber und pusten sich gegenseitig eine Feder oder einen Wattebausch zu.

Die Unruhe wegkneten  293

Das Durchwalken eines Kneteballs mit den Händen entspannt die Muskeln und verscheucht die Unruhe. Probieren Sie es einmal gemeinsam mit Ihrem Kind aus!

Jonglieren

294

Jeder bekommt zwei Jongliertücher oder leichte Chiffontücher und sucht sich einen Platz im Zimmer. Zu einer entspannenden Musik wirbeln alle ihre Tücher in die Luft und fangen sie wieder auf – ganz langsam und rhythmisch.

295 Schweige-Ritual

Schmücken Sie einen kleinen Tisch mit Dingen aus der Natur: bunte Blätter, Kastanien, Tannenzapfen und Nüsse. Stellen Sie eine dicke Kerze auf. Ziehen Sie sich regelmäßig am Abend dorthin zurück. Trinken Sie mit den Kindern einen Früchtetee und betrachten Sie in der Stille das Flackern des Kerzenlichts. Vereinbaren Sie: Es wird nicht gesprochen, bis alle ihren Tee ausgetrunken haben.

TIPP

Rituale wie dieses helfen vor allem am Abend, die Hektik des Alltags abzustreifen und zur Ruhe zu kommen.

Ruheinsel  296

Richten Sie einen Platz in der Wohnung als Ruheinsel ein. Polstern Sie den Ort mit Decken und Kissen aus. Dort ist alles erlaubt, was sanft und leise ist: Kuscheln, Flüstern, Streicheln. Verboten sind Toben, lautes Reden und sich ärgern. Jeder, der Ruhe braucht, darf sich dorthin zurückziehen.

Auf dem Bauchsee

Ihr Kind liegt auf dem Rücken und atmet tief ein und aus. Setzen Sie ein kleines Papierschiff auf seinen Bauch. Ihr Kind wird staunen, wie es sich beim Ein- und Ausatmen auf und nieder bewegt – ganz ruhig und gleichmäßig.

297

Augen-Meditation 298

Eine kleine Meditation hilft Ihrem Kind beim Einschlafen: »Deine Augen haben viel gesehen. Die Sonne, die Wiese mit den schönen Blumen, den kleinen Vogel auf deiner Fensterbank, mich, Papa, deine Schwester, deine Freundinnen, deine Erzieherin und Oma und Opa. Sie haben lachende Menschen gesehen und Kleider in schönen Farben. Besonders gefreut haben sich deine Augen über das tolle bunte Bild, das du heute gemalt hast. Nun schließ die Augen, denn sie sind sehr müde. Morgen früh schlägst du die Augen wieder auf. Dann sehen sie deine schöne Decke mit den Tieren darauf, deinen Teddy und mich.«

> **TIPP**
>
> In eine solche Meditation können Sie auch andere Körperteile einbauen: Hände, Füße, Nase, Ohren zum Beispiel. Was haben sie heute erlebt, gefühlt, gehört?

Stille in der Kirche

 299

Kinder gehen auch gern mal in die Kirche, wenn dort gerade kein Kindergottesdienst stattfindet. Sie nehmen die Stille und die besondere Atmosphäre oft viel intensiver wahr als Erwachsene. Setzen Sie sich hin und wieder mit Ihrem Kind in eine leere Kirche. Betrachten Sie die Bilder und Figuren, und zünden Sie gemeinsam eine Kerze an.

 **Eine Acht malen**

Konzentriertes Malen entspannt: Ihr Kind nimmt Wachskreide in die Hand und malt eine kleine liegende Acht auf ein Blatt Papier. Die Acht wird immer größer, je schwungvoller Ihr Kind malt. Und dann wird das Malen immer langsamer und die Acht wieder kleiner.

TIPP

In der Kinesiologie wird diese Übung eingesetzt, um die Zusammenarbeit der rechten und linken Gehirnhälfte zu synchronisieren. Gleichgewicht und Koordination, Lernfähigkeit und die Abläufe beim Lesen und Schreiben sollen so gefördert werden.

Rückenbilder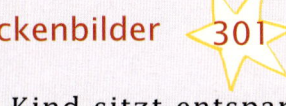

Ihr Kind sitzt entspannt auf einem Hocker, während Sie mit dem Zeigefinger eine einfache Form auf seinen Rücken zeichnen, etwa eine Zahl, ein Quadrat, ein Kreis, ein Dreieck oder einen Buchstaben. Ob Ihr Kind erkennt, was Sie gezeichnet haben?

Zwillinge

 Sie und Ihr Kind stehen sich mit einem Meter Abstand gegenüber. Bewegen Sie sich möglichst synchron: den rechten Arm heben und sinken lassen, den linken Arm schütteln, die Arme langsam über dem Kopf zusammenführen, den linken Fuß anheben usw. Spiele wie diese fördern das Konzentrationsvermögen Ihres Kindes in besonderer Weise.

Die Sonne ⭐ 303

Eine Übung aus dem Yoga, die Eltern schon mit kleinen Kindern machen können: Mutter oder Vater und Kind stehen sich mit leicht gespreizten Beinen gegenüber. Die Arme hängen locker nach unten. Atmen Sie gleichmäßig und führen Sie die ausgestreckten Arme ganz langsam seitlich nach oben – immer höher und höher, bis die Sonne ihren höchsten Punkt erreicht hat. Dabei treffen die Handflächen über dem Kopf zusammen. Entspannen Sie die Schultern und lassen Sie sie bewusst sinken. Nun beginnt die Sonne wieder langsam zu sinken. Die Handflächen werden nach außen gedreht, die ausgestreckten Arme sinken langsam nach unten, bis sie wieder die Beine berühren.

TIPP

Erzählen Sie zu dieser Yoga-Übung mit leiser Stimme, was die Sonne während ihres Tageslaufes auf der Erde beobachtet.

Musikbilder

⭐ 304

Jeder bekommt ein Blatt Papier und Wachsmalkreide. Fixieren Sie die Blätter mit etwas Klebeband am Tisch, damit sie nicht wegrutschen. Nun malen alle nach dem Rhythmus einer leisen Entspannungsmusik Striche, Kreise oder Zickzacklinien aufs Papier. Versuchen Sie es auch einmal mit der Nicht-Schreibhand.

Märchen
und
Geschichten

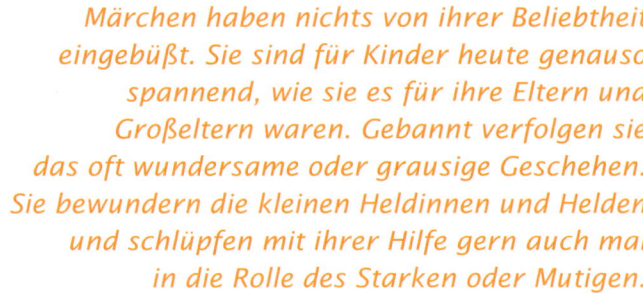

Märchen haben nichts von ihrer Beliebtheit eingebüßt. Sie sind für Kinder heute genauso spannend, wie sie es für ihre Eltern und Großeltern waren. Gebannt verfolgen sie das oft wundersame oder grausige Geschehen. Sie bewundern die kleinen Heldinnen und Helden und schlüpfen mit ihrer Hilfe gern auch mal in die Rolle des Starken oder Mutigen.

Sind Märchen nicht grausam?

Ein blutrünstiger Wolf frisst eine alte Frau. Eine Hexe wird verbrannt. Eine Frau muss mit rot glühenden Schuhen tanzen, bis sie tot umfällt. Und ein Zwerg reißt sich mitten durch. Würden solche Szenen in einem Horrorfilm gezeigt, wäre dieser sicher nicht jugendfrei. Doch Millionen von Kindern kennen sie. Die Szenen stammen aus bekannten Märchen der Brüder Grimm: Rotkäppchen, Hänsel und Gretel, Schneewittchen und Rumpelstilzchen. Täglich werden sie bereits kleinen Kindern vorgelesen. Und Eltern fragen sich manchmal, ob Märchen nicht zu grausam sind. »Kinder brauchen Märchen«, meinen Märchenexperten wie der österreichisch-amerikanische Kinderpsychologe Bruno Bettelheim. Und Susanne Stöcklin-Meier, eine der bekanntesten deutschsprachigen Pädagoginnen und erfolgreiche Autorin, beschreibt Märchen als Seelennahrung für Große und Kleine.

Hilfe im Gefühlschaos

Märchen haben eine Ventilfunktion. Wolf, Hexe, Zauberer oder Stiefmutter sind nicht real. Sie stehen symbolisch für das Bedrohliche und Angstmachende, das auch schon kleine Kinder empfinden. Denn auch sie spüren Gefühle von Ohnmacht und Wut, Eifersucht oder Trauer. Dieses Gefühlschaos lässt sich in jungen Jahren schwer in Worte fassen.

Ein Ventil findet es dann in den bösen Gestalten der Märchen. Im Märchen ist die Welt noch in Ordnung. Da überlistet der schlaue Zwerg den starken Riesen. Das tapfere Schneiderlein zeigt, dass man mit Mut und Gewitztheit weiterkommt als mit Kraftprotzerei.

> Für Kinder ist die klare Differenzierung in Gut und Böse wichtig.

Am Ende siegt immer das Gute

Märchen helfen Kindern aber auch, auf Distanz zu ihren Eltern zu gehen. Obwohl sie Mama und Papa lieben, hegen sie manchmal negative Gefühle. Eltern sagen, was Kinder dürfen und was nicht. Es tut zuweilen weh, immer wieder an diese Grenzen zu stoßen. Auch hier wirken Märchen wie ein Ventil. Die Bösen werden bestraft, und am Ende siegt immer das Gute und dafür sorgen oft die Kleinen und Schwachen. Märchen helfen Kindern, mit ihrem Alltag besser fertig zu werden, beispielsweise auch bei Geschwisterrivalitäten. Im Märchen halten die Geschwister häufig zusammen wie Pech und Schwefel. Aber es kommt wie bei richtigen Geschwistern auch dort immer mal wieder zur Eifersucht, das eine Kind wird dem anderen vorgezogen. Doch wenn das Leid des zurückgesetzten Kindes zu groß wird, naht unerwartet Hilfe – manchmal von Bäumen oder Tieren. So übermitteln Märchen dem Kind eine wichtige Botschaft: »Sei nicht traurig! Auch wenn deine Schwester oder dein Bruder vorgezogen wird, geht für dich alles gut aus. Bald werden alle sehen, dass du etwas ganz Besonderes bist.«

Selbst Geschichten erfinden

Ein weiterer Vorzug von Märchen: Kinder, denen regelmäßig erzählt oder vorgelesen wird, verfügen über einen größeren Wortschatz als Gleichaltrige, die nicht in diesen Genuss kommen. Anlässe zum Erzählen gibt es immer. Und mit etwas Fantasie entstehen neue Geschichten – vom kleinen Marienkäfer am Wegesrand, der sich verlaufen hat, vom alten Baum im Garten, der sich an frühere Zeiten erinnert und davon erzählt usw. Kinder prägen sich solche Erzählungen besonders gut ein. Freies Erzählen verleiht der Fantasie von Kleinen und Großen Flügel. Und irgendwann beginnen Kinder ganz unbeschwert selber Geschichten zu erfinden.

Im Märchenland  305

Den alten Märchen haftet auch heute noch ein besonderer Zauber an, wenn sie immer mit dem gleichen magischen Satz beginnen: »Es war einmal« oder »Zu einer Zeit, als das Wünschen noch geholfen hat«. Damit entführen Sie Ihr Kind ins Märchenland. Wichtig ist auch eine gute Rückkehr in die Wirklichkeit: »Und wenn sie nicht gestorben sind, dann leben sie noch heute.« Erzählen Sie Ihrem Kind heute Ihr eigenes Lieblingsmärchen aus Ihrer Kinderzeit.

Regenschirm-Geschichte

 Erzählen Sie Ihrem Kind bei unbeständigem Wetter vom kleinen Regenschirm. Jedes Mal, wenn mit dem Schirm etwas passiert, darf Ihr Kind es mit seinem eigenen Schirm nachmachen: aufspannen oder zusammenklappen, mit dem Schirm tanzen oder ihn hin und her drehen. Ob es genau aufpasst und nichts vergisst?

Märchenbad  307

Geben Sie ein paar Gänseblümchen, Rosenblätter oder andere Blüten ins Badewasser. Dann wird die Badewanne zu einem verwunschenen See aus dem Märchenland.

Der Waldwichtel ⭐ 308

Suchen Sie nach einem kleinen, geraden Aststück und malen Sie mit Plakafarbe ein lustiges Zwergengesicht darauf. Aus rotem oder grünem Filz schneiden Sie eine Zipfelmütze, kleben die Enden zusammen und streifen sie oben über die Astspitze. Fehlt nur noch ein kleiner Umhang aus Filz! Stecken Sie den Waldwichtel vor dem nächsten Spaziergang in den Boden am Wegesrand. Ihr Kind wird staunen, wenn es ihn entdeckt.

TIPP

Nehmen Sie den Waldwichtel mit nach Hause. In Gartenerde oder einem Blumentopf findet er ein neues Zuhause.

Das Sternenkind

309

Ein magischer Moment vorm Zubettgehen: Erzählen Sie Ihrem Kind vom kleinen Sternenkind, das einmal die Menschenkinder auf der Erde besuchen wollte. Nun hat es sich in der Gardine verheddert. Das unsichtbare Sternenkind weint, denn es möchte zu seiner Mama zurück. Schütteln Sie gemeinsam mit Ihrem Kind die Gardine aus: und – husch! – ist das kleine Sternenkind verschwunden. Am nächsten Morgen liegt auf der Fensterbank ein Goldstern mit einem Mini-Täfelchen Schokolade. Darauf steht: »Danke, meine kleine Freundin (oder mein kleiner Freund)! Du hast mir geholfen, wieder zu meiner Mama zurückzukommen. Ich werde dich nie vergessen! Dein Sternenkind«

⭐ 310 Blaukäppchen und der Tiger

Erzählen Sie ein bekanntes Märchen heute einmal ganz anders. Kinder haben Spaß an solchen Quatschgeschichten und am Entdecken von Fehlern. Das Rotkäppchen könnte in Ihrer Geschichte Blaukäppchen heißen. Aus dem Wolf wird ein Tiger, aus der Großmutter die Lehrerin und aus dem Jäger der Briefträger.

Glücksschiff

Erzählen Sie Ihrem Kind: »Immer, wenn es stark geregnet hat, kommt die Regenfee zur Erde herunter und lässt auf irgendeiner Pfütze ein Schiffchen schwimmen. Die Fee freut sich, wenn ein Kind das Schiffchen entdeckt, denn es bringt Glück.« Falten Sie vorher heimlich ein kleines Schiff aus Buntpapier und lassen Sie es vor dem Spaziergang unbemerkt auf einer Pfütze in der Nähe zu Wasser.

311

312

Spiegel, Kamm oder Apfel?

Bevor Sie Ihrem Kind ein Märchen erzählen, etwa Schneewittchen, verstecken Sie im verdunkelten Zimmer einen Gegenstand, der darin vorkommt: Apfel, Spiegel oder Kamm zum Beispiel. Die Kinder sollen raten und den Gegenstand nennen. Und dann dürfen alle mit ihren Taschenlampen das Zimmer absuchen. Wer entdeckt den Gegenstand als Erster? Wer hat richtig geraten?

Mein Lieblings-Autor

313

Ein Lesevergnügen, das sich die Familie öfter mal gönnen sollte: Jeder darf eine kurze Geschichte seines Lieblingsautors aussuchen – auch Mama und Papa. Dann wird vorgelesen.

> **TIPP**
>
> Kinder nehmen dabei Unterschiede im Sprachstil wahr und speichern die neuen Ausdrücke im Gehirn ab. Dies fördert auf Dauer ihre Ausdrucksfähigkeit.

⭐ 314 Märchenschatz

Ein Märchen wird aus dem Märchenbuch kopiert. Teilen Sie den Text in fünf etwa gleich große Stücke und legen Sie jedes in eine leere Seifenschachtel. Verpacken Sie die Schachteln wie ein Geschenk und verstecken Sie sie kurz vor dem Sonntagsspaziergang entlang des Weges. Parkbänke oder sonstige Sitzgelegenheiten sind gut geeignet!
In der Nähe jeder Schachtel bleiben Sie stehen und geben den Kindern Hinweise, wo sie suchen können. Dann wird der jeweilige Abschnitt des Märchens vorgelesen.

Königskette ⭐ 315

Wenn Ihr Kind heute heimkommt, wird es wie ein kleiner König empfangen. Überreichen Sie ihm eine Königskette: einfach Popcorn mit Nadel und Faden zu einer langen Kette auffädeln. Solche Überraschungen versüßen den Alltag.

Gespenstersuche

⭐ 316 Schneiden Sie aus weißem Tonkarton ein Gespenst aus und hängen Sie es im Garten oder vor dem Haus in einen Strauch oder an einen tiefen Ast. Wenn es dunkel geworden ist, gehen Sie und Ihr Kind mit einer Taschenlampe auf die Suche nach dem kleinen Gespenst. Erzählen Sie, dass es sich verirrt hat und gern bei Ihnen zu Hause einziehen würde. Es ist ein liebes Gespenst, das alle bösen Geister vertreibt.

317 Märchentreppe

Sie brauchen so viele Zettel, wie Ihre Treppe Stufen hat. Schreiben Sie auf jeden Zettel eine Märchen-Quizfrage: »Welche Obstsorte, die Schneewittchen aß, war vergiftet?« Oder: »Welches Getränk brachte das Rotkäppchen seiner Großmutter?« »Wie heißt der Bruder von Gretel?« Ihr Kind geht Stufe für Stufe hinunter. Wenn es unten ankommt, findet es das dicke Märchenbuch. Es darf sich eine Geschichte aussuchen.

TIPP

Mit zwei oder drei Kindern wird daraus ein Wettspiel: Wer beantwortet am schnellsten die meisten Fragen richtig?

Essen mit Rumpelstilzchen

318

Schlüpfen Sie beim Essen mal in die Rolle einer Märchen- oder Kinderbuchfigur. Sie geben sich aber nicht zu erkennen, denn Ihr Kind soll im Laufe der Unterhaltung herausbekommen, wer Sie sind. Sie könnten sich zum Beispiel in Pipi Langstrumpf, Jim Knopf, Petterson, den gestiefelten Kater oder Rumpelstilzchen verwandeln.

Geschichten lösen Spannungen

Kinder identifizieren sich mit den kleinen Heldinnen und Helden aus Vorlesegeschichten. Es ist deshalb gut, wenn Ihr Kind sich in manchen Geschichten selbst erkennt. Beobachten Sie es einfach einmal im Alltag und denken Sie über Situationen nach, in denen Ihr Kind angespannt oder verärgert ist. Verarbeiten Sie solche Situationen in kleinen Geschichten aus der Alltagswelt Ihres Kindes. Es spürt dabei: Alles ist halb so schlimm. Und nach Regen folgt immer wieder Sonnenschein.

319

Kleine Majestät  320

Wenn Ihr Kind heute badet, darf es Königin oder König sein, Sie sind Kammerzofe oder Diener. Ihre Aufgabe: der kleinen Majestät eine lustige Geschichte vorlesen, sie später in die Königsrobe (Mamas Bademantel) schlüpfen lassen und natürlich die Schleppe tragen.

Wo ist der Zwerg?

 321 Luftschnappen früh am Morgen weckt die Lebensgeister und macht munter. Verbinden Sie es mit einem Suchspiel: Auf Karton wird ein Zwerg gemalt und ausgeschnitten. Kleben Sie ihn gegen ein Holzstäbchen und stecken Sie es vor dem Frühstück in die Gartenerde. Die Kinder sollen den Zwerg suchen.

Die Nebelfee

 322 Wenn es beim nächsten Mal morgens neblig ist, erzählen Sie Ihrem Kind von der Nebelfee. Sie war nachts zu Besuch im Elternschlafzimmer und hat Ihnen von der langen Reise der Wassertröpfchen zur Erde berichtet – und was diese dabei alles erleben. Erzählen Sie Ihren Kindern von dieser lustigen Reise. Manchmal hinterlässt die Nebelfee kleine Zeichen. Da liegt plötzlich ein blanker Schokoladentaler auf dem Weg. Solche kleinen Wunder bringen Kinder zum Strahlen und schenken ihnen wunderschöne Erinnerungen.

 323 Besuch beim kleinen Affen

Kinder mögen geheimnisvolle Geschichten und spontane Ideen. Überraschen Sie Ihre Kinder einmal beim Sonntagsfrühstück mit einem Brief. Er kommt zum Beispiel vom kleinen Affen aus dem Zoo, den sie beim letzten Besuch so süß fanden. Der Affe schreibt: »Lieber Familie X! Ich muss so oft an euch denken. Besucht mich doch noch mal im Zoo! Meine Familie und ich würden uns sehr freuen. Bis bald – Euer kleiner Affe.« Und dann schnell alle Kakao- und Kaffeetassen geleert und auf zum Zoo!

Die sieben Zwerge

Formen Sie mit Ihren Kindern aus Knete sieben Zwerge. Verstecken Sie sie im Treppenhaus, in der Garage oder in der freien Natur. Die Kinder sollen sie suchen. Wer die meisten Zwerge findet, darf sie als Nächster verstecken. Gut geeignet auch, um die Motivation für ein gemeinsames Keller- oder Garageaufräumen zu steigern!  324

Schneewittchen-Apfel

 325 Stechen Sie aus einem roten, dicken Apfel das Kerngehäuse aus. Eine Tasse Wasser mit einem halben Päckchen Vanillezucker zum Kochen bringen und den Apfel hineinsetzen. Zugedeckt auf kleiner Stufe etwa 20 Minuten dünsten. Zum Schluss einen Teelöffel der Lieblingsmarmelade Ihres Kindes in die Mitte einfüllen und mit Vanillesoße übergießen.

Keine Angst, mein Kind  326

Wenn Ihr Kind sich beim Erzählen eines Märchens fürchtet, ändern Sie die Geschichte spontan ab. Dann verbrennt zum Beispiel bei Hänsel und Gretel die Hexe nicht, sondern fliegt mit ihrem Besen davon und bleibt ein für allemal verschwunden.

TIPP

Nehmen Sie Ihr kleines Kind auf den Schoß, wenn Sie ihm ein Märchen erzählen. Da fühlt es sich sicher und geborgen, denn manchmal geht's ganz schön aufregend zu.

Der Haustroll

327 Trolle sind kleine Hauszwerge und vor allem in skandinavischen Ländern bekannt. Erzählen Sie Ihrem Kind, dass in Ihrem Haus seit vielen Jahren ein solcher Troll wohnt. Er ist bei Ihnen eingezogen, weil er die Menschen, die dort wohnen, gern mag. Nachts hält er Wache und vertreibt alle bösen Gespenster. Der Troll ist unsichtbar. Aber Mamas und Papas können seine Stimme hören. Erzählen Sie Ihrem Kind jeden Abend vor dem Zubettgehen eine Troll-Geschichte.

TIPP

Solche Geschichten helfen Kindern, sich sicher und behaglich zu fühlen.

Schuhgeschichten  328

Jeder sucht ein Schuhpaar aus, das ihn an einen besonders schönen Spaziergang, ein Fest oder an ein anderes Erlebnis erinnert. Nach dem Abendbrot dürfen die Schuhe dann erzählen, zum Beispiel: Mamas Pumps waren auf einem Ball und haben Walzer getanzt. Ninas Schuhe sind nass geworden, denn sie ist in eine große Pfütze getreten. Doch dann haben Mama und Papa mit ihr ein Schiffchen gefaltet und es schwimmen lassen. Leos Schuhe können sich noch an den Tag erinnern, als sie gekauft wurden. Da ist Leo hinterher noch mit Mama in ein Eiscafé gegangen und hat einen Dino-Eisbecher verputzt.

Der Wunderwichtel

 329

Sie brauchen eine Taschenlampe. Schneiden Sie aus dünnem Papier einen Kreis aus, der so groß ist wie die Glasscheibe der Taschenlampe. Aus dem Papierkreis schneiden Sie nun Augen, Nase und einen lachenden Mund heraus. Das Papiergesicht wird anschließend mit durchsichtigem Klebeband auf der Taschenlampenscheibe befestigt. Verdunkeln Sie abends das Kinderzimmer, knipsen Sie die Taschenlampe an und lassen Sie den Wunderwichtel an Decke und Wand spazieren gehen und eine Geschichte erzählen.

Feuer, Wasser, Erde, Luft  330

Erzählen Sie den Kindern eine Geschichte, in der die vier Elemente Feuer, Wasser, Erde und Luft möglichst oft vorkommen. Jedes Mal, wenn ein Element genannt wird, müssen die Kinder schnell reagieren: Sie fassen sich bei »Feuer« an den Händen, klettern bei »Wasser« aufs Sofa, legen sich bei »Erde« auf den Boden und laufen bei »Luft« mit ausgebreiteten Armen durchs Zimmer.

Tier-Rätsel

 331 Schlüpfen Sie in die Rolle eines Tieres und erzählen Sie von sich – ohne Ihren Namen zu nennen, den soll Ihr Kind erraten. Beispiel: »Ich bin weiß. Am liebsten fresse ich Gras. Ich lebe mit meinen Eltern, Geschwistern, vielen Verwandten und Freunden zusammen. Und ich sorge dafür, dass die Menschen nicht frieren müssen.« Lösung: Schaf.

Grusellutscher  332

Sie brauchen pro Kind einen runden Lutscher. Schneiden Sie aus weißem Seidenpapier ein Quadrat, das um den Kopf eines runden Lutschers gelegt und unten abgebunden wird. Mit schwarzem Filzstift ein Gruselgesicht aufmalen und aus schwarzer Wolle eine Halsschleife binden. Diese Grusel-Lutscher stecken Sie in Steckschwämme, die mit schwarzem Krepppapier umwickelt wurden.

> **TIPP**
> Verstecken Sie die Grusellutscher. Zum Versteck führt eine Spur aus Steinen, auf die Sie vorher kleine Gespenster gemalt haben.

⭐ 333 Immer und immer wieder!

Kinder haben oft ein Lieblingsmärchen, das sie immer und immer wieder hören wollen. Häufig gibt es dann ein tieferes Thema oder Motiv in der Geschichte, das das Kind seelisch anrührt. Unterstützen Sie Ihr Kind in seiner inneren Auseinandersetzung: Regen Sie es an, das Märchen zu malen, sich zu verkleiden und seine Lieblingsszene nachzuspielen oder das Märchen mit Stofftieren und Puppen aufzuführen.

Knusperhäuschen

⭐ 334

Bauen Sie aus Pappe ein Häuschen und stellen Sie angerührten Zuckerguss und Leckereien wie bunte Schokolinsen, Lakritzstäbchen und Liebesperlen bereit. Ihr Kind und seine Freunde dürfen das Häuschen mit Zuckerguss bepinseln und mit den süßen Sachen bekleben. Erzählen Sie dazu das Märchen von Hänsel und Gretel.

12. Wunsch der Glücksfee

Glanzpunkte im Alltag

*Rituale und gemeinsame Erlebnisse,
an die sich Kinder auch noch als Erwachsene
gern zurückerinnern, sind Glanzpunkte im Alltag.
Sie schenken Kindern Geborgenheit und das Wissen,
in einem guten Umfeld aufzuwachsen: das beste
Heilmittel gegen schädliche Einflüsse von außen.*

Rituale machen Kinder stark

Jede Familie hat ihre Rituale und lieb gewordenen Gewohnheiten: das Kusshändchen am Fenster, der Gutenachtsegen, die Kissenschlacht am Samstagabend, das ausgedehnte Frühstück am Sonntagmorgen. Und das ist gut so. Denn Wissenschaftler sehen einen Zusammenhang zwischen der Pflege von Ritualen und der seelischen Gesundheit von Kindern.

Eine große Rolle dabei spielen die verwandtschaftlichen Bande, vor allem der Kontakt zu den Großeltern. Sie haben in der Regel mehr Zeit und Geduld als die Eltern und können sich ganz entspannt den Enkeln widmen. Omas und Opas sind einsame Spitze im Vermitteln wohltuender Rituale. Dabei geben sie den Kindern etwas Unersetzliches mit auf den Weg, nämlich die Erhaltung und Fortführung alter Traditionen und das Vermitteln besonderer Fähigkeiten. Wenn Opa ein Meister im Schnitzen von Krippenfiguren ist, gibt er das Know-how an seine Enkelkinder weiter. Die Oma hat schon für ihre Kinder Schals gestrickt. Dass auch ihre kleinen Enkel und Enkelinnen geschickt mit den Stricknadeln hantieren können, ist ihr Verdienst.

Dieses wohltuende Kribbeln im Bauch

An besonders schöne Momente der Kindheit erinnern sich Erwachsene auch Jahrzehnte später noch gern zurück und sie spüren dabei immer noch dieses wohltuende Kribbeln im Bauch. Das Gleiche gilt für Ereignisse im Jahreskreis: der Geburtstagskuchen, die Nachtwanderung zu Beginn des Sommers, die Ferien auf dem Bauernhof, das Übernachten bei Oma und Opa in den Herbstferien, die stimmungsvolle Adventszeit, der Duft von Weihnachtsplätzchen, das Schneemannbauen in jedem Winter. Auch an gemeinsame Spaziergänge denken Kinder gern zurück, wenn es hin und wieder Überraschungen gibt. Einmal weist vielleicht eine geheimnisvolle Kreidespur den Weg zum Ziel. Oder die Kinder finden beim Hineingreifen in Mamas Manteltaschen von Zeit zu Zeit Bonbons. Oder Mama und Papa erzählen im Wald oder am Strand spannende Geschichten von Zwergen, Elfen, Meereskindern und Unterwasserkönigen. Wenn Kinder sich als Erwachsene an solche Glanzpunkte des Alltags erinnern, geben sie diese auch gerne an die eigenen Kinder weiter.

> Gemeinsames Erleben in der Familie führt an die Wurzeln, schenkt Geborgenheit und lässt Kinder spüren: Unsere Familie ist ein tolles Team und wir können uns aufeinander verlassen.

Der Duft der Kindheit

Die wenigsten Erwachsenen können sich übrigens an ihre ersten Lebensjahre zurückerinnern. Die Neurowissenschaft hat dafür eine plausible Erklärung: Erinnerungen aus dieser Zeit werden nämlich im Kortex – der Teil unseres Gehirns, in dem sich das Langzeitgedächtnis befindet – von denen überlagert, die später dazukommen: dann nämlich, wenn das Kind immer besser sprechen lernt und neue, komplexe Zusammenhänge herstellt. Wenn Eltern jedoch mit ihren kleinen Kindern öfter über gemeinsame Erlebnisse sprechen, verfestigen sich schöne Eindrücke zur Erinnerung. Und so kommt es, dass wir oft nicht wissen, ob wir uns wirklich zurückerinnern, wie schön es war, als Kind mit der Oma Vanillekipferl zu backen. Beim Geruch dieser Köstlichkeit geraten wir aber Jahrzehnte später immer noch ins Schwärmen. Fest steht: Bei Erinnerungen spielen die Sinneswahrnehmungen eine besondere Rolle. Vanilleduft werden wir also immer mit Omas Kipferln in Verbindung bringen. Tatsache ist auch: Familienrituale bleiben deshalb besonders gut im Gedächtnis haften, weil so häufig davon erzählt wird.

Familienzug  335

Mit dieser Bastelarbeit stärken Sie das Zusammengehörigkeitsgefühl der Familie: einen Zug mit vielen Waggons auf einen langen Streifen Tonkarton malen und in jedes Fenster das Bild eines Familienmitglieds kleben. Dazu gehören auch Omas und Opas, Tanten und Onkel, Vettern und Kusinen – und natürlich Opas Wellensittich, Omas Katze und der lustige Hund von Onkel Paul. Der Zug wird in der Küche am Frühstückstisch aufgehängt.

TIPP

Kinder lieben Aktionen wie diese. Sie sind stolz, zu einer großen Sippe zu gehören und diese öfter mal im Blick zu haben.

 336   Sommernacht und Laternenwanderung

Eine spontane Idee hin und wieder gibt dem Familienalltag Würze. Übernachten Sie im Sommer einmal alle zusammen auf dem Balkon. Im Winter könnten Sie zu einer Laternenwanderung aufbrechen. Sie führt zu einem gemütlichen Gasthaus, in dem es für alle heiße Schokolade gibt.

337 Mein Lieblingsbild

Besuchen Sie mit Ihrem Kind eine Bilderausstellung im Museum. Schauen Sie gemeinsam den Ausstellungskatalog oder Postkarten mit Bildern an. Ihr Kind bestimmt sein Lieblingsbild. Nun suchen Sie beide zusammen das Original und sprechen ausführlich darüber: Was stellt es dar? Welche Farben hat der Maler gewählt? Welche Geschichte könnte das Bild erzählen?

Gute Nacht, lieber Baum!

338 Lesen Sie Ihrem Kind heute die Gutenachtgeschichte mal ganz woanders vor – vielleicht unter seinem Lieblingsbaum im Garten oder in einer aus Kissen und Decken gebauten Kuschelhöhle unter dem großen Tisch.

Eltern-Camping im Kinderzimmer

Kinder schleichen manchmal nachts durch den Flur – und husch ins Elternschlafzimmer. Drehen Sie heute den Spieß um und fragen Ihr Kind, ob Sie bei ihm übernachten dürfen. Mit Begeisterung dürfen Sie rechnen. Und dann ziehen Sie – ausgerüstet mit Matratzen, Bettzeug, Taschenlampen und spannenden Büchern bei ihm ein. Sind auch noch Geschwister da, campieren natürlich alle zusammen in einem Zimmer.

340 Die Stadt erkunden

Kaufen Sie einige Postkarten mit Motiven aus Ihrer Stadt. Es sollten Gebäude, Museen, Standbilder oder Parks sein, die auch für Kinder interessant sind. Die Karten werden umgedreht auf den Tisch gelegt. Das Los entscheidet, wer eine Karte aufdecken darf. Und damit steht das Ziel für einen kurzen Ausflug am Nachmittag fest.

TIPP

Informieren Sie sich vorher mit Hilfe eines Stadtführers über Ihr Ziel, damit Sie den Kindern etwas erzählen können.

341 Frühstück im Wald

Überraschung! Der Frühstückstisch ist heute ausnahmsweise mal nicht gedeckt. Alles, was die Familie zum Essen und Trinken braucht, ist in einem Korb verstaut. Und nun schnell zu einem nahe gelegenen Waldstück fahren. Die frischen Semmeln, die Papa schon frühmorgens beim Bäcker gekauft hat, schmecken an der frischen Luft noch mal so gut. Noch schöner, wenn am Picknickplatz die Nachbarsfamilie wartet!

TIPP

Im Winter könnten Sie sich heimlich mit einer befreundeten Familie zu einem Frühstücks-Picknick drinnen verabreden.

Sonntags-Wundertüte

Sie brauchen eine bunte Tüte, viele Zettel und einen Stift. Nicht zu vergessen pfiffige Ideen, was Sie an diesem verregneten Sonntag gemeinsam machen könnten. Schreiben Sie auf jeden Zettel eine Idee. Beim Frühstück wird per Los entschieden, welches Familienmitglied in die Tüte greifen und einen Zettel herausfischen darf. Beispiele: ein Ausflug auf den Dachboden; eine Brettspiel-Olympiade; ins Kino gehen; es sich mit Decken und Kissen auf dem Wohnzimmerboden gemütlich machen und gemeinsam einen Kinderfilm anschauen.

Vorfreude auf die Woche

Es ist gut, die neue Woche mit einem positiven Gefühl zu beginnen. Sprechen Sie beim Sonntagskaffee über die nächsten Tage. Gibt es Dinge, worauf sich alle freuen können? Machen Sie gemeinsam einen großen Wochenplan und schreiben oder malen Sie kleine Glanzpunkte hinein. Beispiele: am Dienstag ist Kinotag, am Donnerstag backen wir Waffeln und laden die Nachbarskinder dazu ein.

Briefkasten

Basteln Sie mit den Kindern für jedes Familienmitglied einen Briefkasten: Je eine leere Schachtel bunt bemalen und in den Deckel einen Schlitz schneiden. Wer mag, kann den anderen ein Bild malen, einen Brief schreiben oder eine kleine Überraschung in die Schachtel legen, zum Beispiel ein Sammelbildchen oder ein Gummibärchen. Nach dem Abendbrot werden die Briefkästen regelmäßig geleert.

Erklär mir die Welt!  345

Dehnen Sie einmal das Sonntagsfrühstück aus: bis mittags im Schlafanzug am Tisch sitzen, gemeinsam in Lieblingsbüchern schmökern, sich darüber austauschen und geduldig alle Kinderfragen beantworten. Miteinander reden und philosophieren macht Kleine und Große neugieriger und klüger.

Ein Besuch im Zoo  346

Verabreden Sie sich mit ein, zwei befreundeten Familien zu einem gemeinsamen Zoobesuch. Jedes Kind sucht dort sein Lieblingstier und versucht, möglichst viel darüber zu erfahren. Am Abend werden alle Informationen zusammengetragen.

TIPP

Fragen Sie den Tierpfleger aus: Was frisst das Tier? WIe alt ist es? Was sind seine Besonderheiten?

Post für dich

 347

Eine schöne Sonntagsbeschäftigung: Jeder schreibt an die anderen Familienmitglieder einen Brief. Wer noch nicht schreiben kann, malt ein Bild. Die Briefe werden in Umschläge gesteckt, frankiert und gemeinsam zum Briefkasten gebracht. Wie groß ist die Freude, mitten in der Woche Post von lieben Menschen zu bekommen!

348 Familienwappen

Lassen Sie gemeinsam Ihrer Fantasie freien Lauf und erfinden Sie ein Motiv, das allen gefällt. Dass Familie Ritter natürlich eine Burg als Wappen wählt und Familie Müller eine Windmühle, dürfte logisch sein. Schwieriger wird es bei Namen, die keine Verbindung zu einem Lebewesen oder Gegenstand erkennen lassen. Vielleicht gibt es aber auch ein gemeinsames Lieblingstier oder eine Märchenfigur. Schneiden Sie aus weißem Tonkarton die Form eines Wappens aus und malen Sie gemeinsam Ihr Familienmotiv hinein. Es bekommt einen Ehrenplatz im Eingangsbereich.

TIPP

Eine andere Idee: Würfeln Sie die Anfangsbuchstaben Ihrer Vornamen zu einem neuen Wort zusammen. Beispiel: Der Papa heißt Oliver, die Mama Dorothee, der Sohn Max und die Tochter Nina = Mond.

Überraschungsgäste

349

An diesem Wochenende geht es geheimnisvoll zu. Jedes Familienmitglied darf einen Überraschungsgast zum Kaffeetrinken einladen. Er behält den Namen des Gastes für sich. Da kommt garantiert eine lustige Runde zusammen!

Nur mit dir ...  350

Manchmal möchten Kinder auch mal etwas nur mit Mama oder
nur mit Papa – oder vielleicht mit Oma oder Opa – unternehmen.
Eltern und Kinder dürfen heute aufschreiben, mit wem sie im
Laufe der Woche gern etwas machen würden. Papa schreibt zum
Beispiel, dass er am Samstag allein mit Felix zum Fußballspiel
gehen möchte. Mama wollte schon immer mal gerne mit Oma ins
Museum gehen. Felix will mit Opa zum Angeln und Sophie mit
Mama zum Eisessen.

Tanten am Stiel

 351 Schneiden Sie Fotos von Verwandten aus und kleben
Sie sie gegen Eisstiele. Ihre Kinder können mit den
Figuren Theater spielen und sich zu ihrer Lieblings-
tante oder dem lustigen Onkel Geschichten ausden-
ken. Ein solches Theaterstück sorgt bestimmt auch
beim nächsten Verwandtenbesuch für Erheiterung.

Abendspaziergang  352

Am besten eignet sich ein gemeinsamer
Spaziergang zur Einstimmung auf den
Abend. Die berühmte Runde um den
Block ist ein durchaus heilsames Ritual.
Bewegung entspannt und macht frisch
zugleich. Und Kinder sind stolz, wenn
sie Mama und Papa die geheimnisvollen
Orte in der Umgebung zeigen dürfen, wo
sie heute Versteck gespielt, wo sie den
schönen Stein gefunden oder die Schne-
ckenfamilie entdeckt haben.

TIPP

Wenn Sie mit
Ihrem Kind den
nahe gelegenen
Spielplatz
ansteuern und
eine Runde mit
ihm schaukeln,
ist die Freude
sicher groß.

Pizza-Einladung

353

Überraschung! Sie holen Ihr Kind spontan von der Schule oder von der Turnstunde ab und laden es zu einer Pizza ein. Noch schöner ist es, wenn Sie vorher Geheimabsprachen mit anderen Eltern treffen und eine ganze Gruppe gut gelaunter Mütter oder Väter mit ihren Kindern zur Pizzeria pilgert.

Such-Sonntag

354

An Regensonntagen ein super Programm: Fotografieren Sie viele verschiedene Gegenstände oder auch nur einen Bildausschnitt davon. Beispiele: ein Stück des Kissens, ein Stuhlbein, den Deckel eines bestimmten Kochtopfs, einen Pulloverärmel, einen Schuh, einen Strumpf, eine Seite aus einem Bilderbuch usw. Die Bilder werden ausgedruckt und dann gehen alle miteinander auf die Suche. Ob bis zum Nachmittag alles aufgestöbert wurde?

355 Mama, du bist spitze!

Kinder mögen es, wenn Mama sich verkleidet, Brausepulver schleckt oder im Sandkasten eine Burg baut. Erinnern Sie sich daran, was Ihnen als Kind Freude gemacht hat. Sprechen Sie mit Ihrem Kind darüber und gönnen Sie sich beide heute mal eine Mama-Kindheits-Erinnerungsstunde.

356 Mit Mamas Puppe spielen

Erzählen Sie Ihren Kindern etwas über Ihre eigene Kindheit, zum Beispiel von Ihrer Lieblingspuppe. Falls sie noch vorhanden ist und ein einsames Dasein auf dem Dachboden fristet, überlassen Sie sie heute einmal Ihrem Kind zum Spielen.

TIPP

Suchen Sie gemeinsam im Fotoalbum Bilder, auf denen Ihre Lieblingspuppe zu sehen ist. Kinderbilder ihrer Eltern anzusehen ist für Jungs und Mädchen spannend. Was war damals anders?

Was Oma alles konnte

357

Zeigen Sie Ihrem Kind auf dem Friedhof die Gräber von Menschen, die Ihnen nahe standen, und erzählen Sie ihm von Ihrer Oma, die den besten Apfelkuchen der Welt backen konnte; vom Onkel, der so viele lustige Geschichten wusste; von der Freundin Ihrer Oma, die Sie schon von weitem erkannten, weil sie immer große Hüte trug.

Bilder suchen 358

In Fotoalben blättern und über vergangene Zeiten sprechen weckt bei Eltern und Kindern schöne Erinnerungen. Stellen Sie dabei besondere Aufgaben, etwa: »Auf einem Foto schaukelt die Oma mit dir. Ob du es findest?« Oder: »Suche das Foto, auf dem ich auf dem Schoß meines Papas sitze und ein Eis schlecke!«

359 Früher und heute

Kinder kramen gern in den Sachen aus ihrer Baby- und Kleinkindzeit herum. Suchen Sie alles zusammen, was Ihr Kind näher betrachten möchte: Höschen und Jäckchen, winzige Schuhe, den Schnuller, die Rassel, erste Bilderbücher usw. Vergleichen Sie gemeinsam die Dinge aus Babytagen mit heutigen Kleidungsstücken und Spielzeugen.

TIPP

Schauen Sie zusammen in Fotoalben nach: Auf welchem Foto trägt Ihr Kind den Schlafanzug mit den Teddybären oder das blau-weiß gestreifte Mützchen?

Stammbaum-Wochenende

360

Planen Sie hin und wieder ein Stammbaum-Wochenende ein – am besten mit der ganzen Familie. Für Kinder ist es interessant zu erfahren, wer ihre Vorfahren waren. Der Stammbaum ist ein schönes Symbol. Er zeigt, dass jeder Mensch Wurzeln hat und dass es stark macht, zu einer großen Sippe zu gehören.

Schutzengel-Shirt
 361

Malen Sie mit Stoffmalfarben einen Engel auf die Vorderseite eines weißen Kinder-T-Shirts. Immer wenn Ihr Kind am Abend Kummer hat und nicht einschlafen kann, darf es das T-Shirt anstelle des Schlafanzugoberteils anziehen.

TIPP

Das Schutzengel-Shirt ist ein guter Tröster bei Heimweh, wenn Ihr Kind mal anderswo übernachtet.

 **362** Glückstag

Einmal in der Woche ist Glückstag. Beim Frühstück gibt es dann eine kleine Überraschung. Verstecken Sie ein Gummibärchen in einer Semmel oder unter dem Müsli. Wer es findet, darf sich etwas wünschen: ein Spiel, eine Geschichte, den Lieblingspudding.

Walnussplätzchen

 **363**

Sie brauchen für 40 Plätzchen: 300 g Mehl, 1 TL Backpulver, 100 g Puderzucker, 1 Prise Salz, 50 g gehackte Walnüsse, 250 g Butter, Margarine zum Einfetten
So werden die Plätzchen gebacken: Bereiten Sie aus Mehl, Backpulver, Puderzucker, Salz, Walnüssen und Butter einen Knetteig. Er wird mit Folie abgedeckt und kalt gestellt. Nach etwa einer Stunde den Teig etwa 1 cm dick ausrollen und Formen ausstechen. Die Formen auf ein gefettetes Backblech lagen und im vorgeheizten Ofen bei 200 Grad etwa zehn Minuten backen.

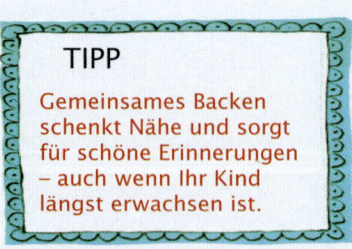

TIPP
Gemeinsames Backen schenkt Nähe und sorgt für schöne Erinnerungen – auch wenn Ihr Kind längst erwachsen ist.

Das Sandmännchen kommt

364 Gerade beim Zubettgehen bestehen Kinder darauf, dass immer alles gleich abläuft. Streicheln, ein lustiges Fingerspiel, ein Schlaflied, die Gute-Nacht-Geschichte, Mamas und Papas vertraute Stimmen: All das schenkt Kindern Entspannung und ein beruhigendes Gefühl von Sicherheit und Geborgenheit.

Du bist einzigartig!  365

Geburtstagsfeste gehören zu den schönsten Erinnerungen an unsere Kindheit. Würdigen Sie Ihr Kind deshalb an seinem Ehrentag ganz besonders: Basteln Sie eine Krone aus Gold oder Silberkarton. Sie wird mit »Edelsteinen« aus zusammengeknülltem Bonbonpapier beklebt. Beim Frühstück krönen Sie das Geburtstagskind feierlich zur Königin oder zum König. Dazu gehören auch das traditionelle Familien-Geburtstagslied, Küsschen, Glückwünsche und Geschenke.

TIPP
Fotografieren Sie jedes Jahr das Geburtstagskind und seine Gäste, die Geschenke und die Geburtstagstorte. Im Laufe der Jahre entsteht ein Geburtstagsalbum: ein wertvoller Erinnerungsschatz für Ihr Kind.